Elemente der Politik

Herausgegeben von
H.-G. Ehrhart, Hamburg
B. Frevel, Münster
K. Schubert, Münster
S. S. Schüttemeyer, Halle-Wittenberg

Die ELEMENTE DER POLITIK sind eine politikwissenschaftliche Lehrbuchreihe. Ausgewiesene Experten und Expertinnen informieren über wichtige Themen und Grundbegriffe der Politikwissenschaft und stellen sie auf knappem Raum fundiert und verständlich dar. Die einzelnen Titel der ELEMENTE dienen somit Studierenden und Lehrenden der Politikwissenschaft und benachbarter Fächer als Einführung und erste Orientierung zum Gebrauch in Seminaren und Vorlesungen, bieten aber auch politisch Interessierten einen soliden Überblick zum Thema.

Herausgegeben von
Hans-Georg Ehrhart
Institut für Friedensforschung und Sicherheitspolitik an der Universität Hamburg, IFSH

Bernhard Frevel
Fachhochschule für öffentliche Verwaltung NRW, Münster

Klaus Schubert
Institut für Politikwissenschaft, Westfälische Wilhelms-Universität Münster

Suzanne S. Schüttemeyer
Institut für Politikwissenschaft, Martin-Luther-Universität Halle-Wittenberg

Robert Kaiser

Qualitative Experteninterviews

Konzeptionelle Grundlagen und praktische Durchführung

Springer VS

Robert Kaiser
Universität Siegen
Siegen, Deutschland

ISBN 978-3-658-02478-9 ISBN 978-3-658-02479-6 (e-Book)
DOI 10.1007/978-3-658-02479-6

Die Deutsche Nationalbibliothek verzeichnet diese Publikation in der Deutschen Nationalbibliografie; detaillierte bibliografische Daten sind im Internet über http://dnb.d-nb.de abrufbar.

Springer VS

Lektorat: Jan Treibel, Stefanie Loyal

Springer VS ist eine Marke von Springer DE. Springer DE ist Teil der Fachverlagsgruppe Springer Science+Business Media
www.springer-vs.de

Vorwort

Das Interesse von Studierenden der Politikwissenschaft an qualitativen Experteninterviews hat in den vergangenen Jahren ohne Zweifel zugenommen. Vor allem für Bachelor- und Masterarbeiten wird diese Methode der Datenerhebung zunehmend in Betracht gezogen. Dies ist für eine immer stärker empirisch-analytisch ausgerichtete sozialwissenschaftliche Disziplin ein grundsätzlich erfreulicher Trend, vor allem weil die Qualität entsprechender Abschlussarbeiten durch diese Form der empirischen Eigenleistung in der Regel steigt. Gleichzeitig stellt man aber gelegentlich auch mit Verwunderung fest, dass sich die studentische Motivation zur Durchführung von qualitativen Interviews durch die Annahme begründet, Experteninterviews könnten als methodischer Zugang die als viel aufwendiger betrachtete Analyse von Sekundärdaten jeder Art oder gar die Auseinandersetzung mit der relevanten Forschungsliteratur zumindest teilweise ersetzen.

Dem ist aus zwei Gründen nicht so. Erstens werden qualitative Experteninterviews in der Mehrzahl der sozialwissenschaftlichen Analysen aus sehr guten Gründen als ein spezifischer Zugang im Rahmen eines methodenpluralistischen Ansatzes durchgeführt, weil das Experteninterview – wie jedes andere Analyseverfahren auch – Potentiale und Begrenzungen besitzt. Deshalb besteht auch die Notwendigkeit, sehr genau zu begründen, für welchen Teil der Analyse, bzw. für welchen Aspekt der Fragestellung, solche Experteninterviews in Erwägung gezogen werden. Und zweitens muss man der Wahrnehmung deutlich widersprechen, die Planung, Durchführung und Auswertung von Experteninterviews sei eine nicht so voraussetzungsvolle Art der empirischen Analyse.

Diese Einschätzung mag sich deshalb herausgebildet haben, weil es für qualitative Experteninterviews, im Gegensatz etwa zur quantitativen Umfrageforschung, keine standardisierten Verfahren gibt. Es mag auch eine Rolle spielen, dass die Befragung von Experten in der universitären Methodenausbildung noch immer ein Schattendasein führt. Und richtig ist sicher auch, dass die Art und Weise des Einsatzes von Experteninterviews derart kontextspezifischen Bedingungen unterliegt, dass die Etablierung allgemein anerkannter Regeln auch zukünftig nicht zu erwarten steht. Dies alles darf aber nicht darüber hinwegtäuschen, dass es über Experteninterviews in der empirischen Forschung eine mehr als zwei Jahrzehnte andauernde recht intensive Methodendiskussion gibt, die trotz aller unterschiedlicher Positionen und Vorschläge sicher in einem Punkt Konsens erzielt hat: die Planung und Durchführung von Experteninterviews ist auf der einen Seite ein vielversprechender Zugang in der Feldforschung. Auf der anderen Seite muss aber auch deutlich gesagt werden, dass es für solche Experteninterviews zumindest eine Reihe von Gütekriterien gibt, auf deren Beachtung bestanden werden muss.

Vor diesem Hintergrund besteht die Zielsetzung dieses Lehrbuchs darin, in kompakter und systematischer Form in die theoretischen und methodologischen Grundlagen, vor allem aber in die Praxis der Interviewvorbereitung und Durchführung sowie in die Methoden der Datenauswertung und Interpretation einzuführen. Dabei soll ein klarer Fokus gelegt werden auf den analytischen Nutzen und die typischen Probleme von Experteninterviews. Es soll den Studierenden, die selbst solche Interviews durchführen möchten, als begleitendes Kompendium über alle Hürden, die mit diesem Verfahren im Forschungsprozess verbunden sind, hinweghelfen.

Dieser Fokus auf die Konzeption und Anwendung von Experteninterviews in der Praxis führt naturgemäß dazu, dass einzelne zentrale Aspekte der konzeptionellen Fundierung der Expertenbefragung hier nicht in der grundsätzlich angemessenen Tiefe durchdrungen werden können. Dieser Mangel ist aber insofern zu verschmerzen, als in den vergangenen Jahren eine Reihe einschlägiger Werke vorgelegt worden sind, die vor allem diesen Aspekt ausführlich beleuchten. Hingewiesen sei an dieser Stelle nur auf einige Beiträge.

Der Sammelband von Bogner et al. (2005; dritte Auflage 2009) widmet sich in einem ersten Teil umfassend den konzeptionellen Grundlagen von Expertenbefragungen und bietet im weiteren Verlauf vor allem eine Reihe von Praxisberichten über den Einsatz von Experteninterviews in unterschiedlichen Forschungskontexten und mit verschiedenen Akteurstypen. Das Verdienst des Buches von Gläser und Laudel (2010) besteht darin, dass die einführenden wissenschaftstheoretischen und methodischen Überlegungen konsequent auf einen nachfolgenden Teil mit stärkerer Praxisorientierung bezogen werden, wobei der Band aber aufgrund seines Umfangs und der Detaildichte nur eingeschränkt als Kompendium im Forschungsprozess dienen kann. Der Beitrag von Froschauer und Luger (2003) hat seine Stärken sicherlich in der Diskussion und den praktischen Hinweisen zu den Methoden der Auswertung und Interpretation von qualitativen Befragungen. Er befasst sich jedoch nicht speziell mit dem Typus des Experteninterviews. Die Darstellung von Helfferich (2009) bietet insbesondere wichtige Hinweise zur Interaktion zwischen Forscher und Befragten in der konkreten Interviewsituation. Allerdings befasst sich auch dieses Buch nicht speziell mit dem Typus der Expertenbefragung. Der Band von Mayer (2009) richtet sich vornehmlich an Leser, die an quantitativen Befragungstechniken interessiert sind, bietet aber darüber hinaus eine lesenswerte, wenn auch kurze, Einführung in qualitative Leitfadeninterviews. Diese Werke sind allesamt für fortgeschrittene Studierende empfehlenswert, wenngleich sie keine primär politikwissenschaftliche Perspektive haben. Auf weitere wissenschaftliche Beiträge zu Einzelaspekten der Expertenbefragung wird im Verlauf der Darstellung verwiesen.

Robert Kaiser — Ascea (SA), Italien, März 2014

Inhalt

Abbildungsverzeichnis

Tabellenverzeichnis

1 Einleitung

In der Politikwissenschaft nimmt die Befragung von Experten aus Ministerien, Verwaltung und Parteien, aber auch von Nichtregierungsorganisationen oder Unternehmen eine bedeutende Rolle ein. Sie wird in Studien durchgeführt, die stärker anwendungsorientiert und politikberatender Natur sind, aber auch in Untersuchungen, die der Rekonstruktion von Politikprozessen und ihrer Ergebnisse und Wirkungen dienen. Hinsichtlich der verschiedenen Teildisziplinen der Politikwissenschaft werden Expertenbefragungen vor allem im Bereich der Internationalen Politik, in der Politikfeldanalyse und in der politischen Soziologie durchgeführt.

Eine solche Befragung von Experten kann auf ganz verschiedene Weise stattfinden. So lassen sich in einem ersten Schritt quantitative, umfragebasierte Analysen von qualitativen Fallstudienuntersuchungen unterscheiden. Während in Letztgenannten eine offene Form der Expertenbefragung zum Einsatz kommt, basieren quantitative Untersuchungen auf standardisierten Erhebungsinstrumenten, in denen die Formulierung und die Reihenfolge von Fragen und Antworten im Voraus definiert werden, sodass eine „face-to-face"-Interaktion grundsätzlich gar nicht notwendig ist. Solche quantitativ-standardisierten Verfahren der Befragung sind nicht Gegenstand dieses Lehrbuchs. Insofern wird an dieser Stelle auf einschlägige Einführungen verwiesen (Behnke und Behnke 2006; Jacob et al. 2011; Porst 2011; Punch 2005).

In einem zweiten Schritt lassen sich nun jene verschiedenen Verfahren der qualitativen Befragung differenzieren, die zwar nicht sämtlich in der Politikwissenschaft, wohl aber in anderen sozialwissenschaftlichen Disziplinen, bzw. benachbarten Fächern, wie bspw. der Soziologie, der Psychologie oder der Ethnologie zum Einsatz kommen.

So ist das *narrative Interview* (Schütze 1983) gegenüber dem Experteninterview weniger an konkreten Sachinformationen interessiert als vielmehr an einer erzählerischen Darstellung biographischer Phasen und Ereignisse aus dem Leben des Gesprächspartners. Entsprechend haben wir es hier auch nur bedingt mit einer durch den Interviewer strukturierten Gesprächssituation zu tun. Dieser fungiert in solchen Interviews primär als ein aktiver Zuhörer und begnügt sich vielfach mit einzelnen abschließenden Nachfragen, die sich aus der Erzählung des Befragten ergeben können. Eine ähnliche Konfiguration finden wir beim *ethnographischen Interview* (Spradley 1979) vor, bei dem das Ziel in der Erforschung von Einstellungen, Wertvorstellungen oder Alltagsroutinen liegt. Auch hier bestimmt letztlich der Befragte durch seine Antworten den Ablauf der Interviewsituation. Ethnographische Interviews können durch einige wenige zuvor definierte Fragen teilweise strukturiert sein und ergänzen vielfach eine teilnehmende Beobachtung, bei dem es dem Forscher um eine unmittelbare Erfahrung seines Untersuchungsgegenstandes geht. Von diesen beiden Interviewformen unterscheidet sich das *Experteninterview* deutlich. Hier wird der Gesprächspartner als „Lieferant von Informationen" befragt, weshalb im Vergleich zum narrativen Interview biographische Daten zunächst grundsätzlich keine Rolle spielen. Zudem kommt dem Interviewer die Aufgabe zu, das Gespräch so zu steuern, dass die erwarteten Informationen auch tatsächlich generiert werden können. Insgesamt kann man somit feststellen, dass sich qualitative Interviewformen vor allem in Bezug auf den Grad der Strukturierung der Interview-

Tab. 1.1 Qualitative Interviewformate im Vergleich

	Ethnographisches Interview	**Narratives Interview**	**Experteninterview**
Einsatzgebiet	Teilnehmende Beobachtung	Historische Fallstudie	Fallstudie
Grad der Strukturierung	Offen/halbstrukturiert	Offen	Halb-strukturiert /strukturiert
Erkenntnisinteresse	Einstellungen	Biographien	Informationen
Rolle des Interviewers	Gesprächspartner	Aktiver Zuhörer	Interviewer
Interviewsituation	Symmetrisch	Asymmetrisch (zugunsten des Befragten)	Asymmetrisch (zugunsten des Interviewers)

situation, hinsichtlich des Erkenntnisinteresses und bezüglich der Rolle des Interviewers unterscheiden (vgl. Tab. 1.1).

Wir können folglich an dieser Stelle bereits festhalten, dass sich qualitative Experteninterviews durch eine Reihe von Besonderheiten auszeichnen. Im Gegensatz zur quantitativen Befragung können die gewonnenen Daten aus qualitativen Experteninterviews aufgrund der Offenheit und der geringen Standardisierung der Instrumente der Datenerhebung nicht sinnvoll statistisch ausgewertet werden. Deshalb kommen bei allen qualitativen Befragungen interpretative Verfahren der Datenanalyse zum Einsatz, die aber durchaus nach systematischen Kriterien durchgeführt werden. Von anderen qualitativen Befragungen unterscheidet sich das Experteninterview vorwiegend in Bezug auf die Zielsetzung der Gewinnung von Sachinformationen, wofür wir einen höheren Grad der Strukturierung mittels eines Interviewleitfadens benötigen.

Auf der Basis dieser Differenzierungen lässt sich des Weiteren für die qualitative Expertenbefragung eine Reihe von Merkmalen bestimmen, die uns im weiteren Verlauf der Darstellung noch intensiver beschäftigen werden.

Als ein erstes Merkmal haben wir bereits angesprochen, dass das typische Einsatzgebiet von qualitativen Experteninterviews die **Fallstudie** ist. Unter einer Fallstudie verstehen wir in der Politikwissenschaft eine Untersuchung, die sich nur auf einen einzelnen oder höchstens wenige, vielfach vergleichbare, Fälle bezieht. Die Fallstudie strebt also nicht nach der Berücksichtigung aller oder einer zumindest möglichst großen Zahl aller existierenden Fälle, sondern nach einer tiefen Durchdringung der Besonderheiten des Einzelfalls oder weniger Fälle. Somit geht es dabei nicht primär um die Generalisierbarkeit von Forschungsergebnissen, sondern um das Verstehen dieser Fälle, womit auch eine wichtige Voraussetzung geschaffen ist, um Theorien zu entwickeln oder zu modifizieren. Grundsätzlich können Fallstudien dabei ein (stärker) deskriptives oder kausales Erkenntnisinteresse haben. In der ersten Variante wird nach den Charakteristika sozialer Phänomene gefragt, in der zweiten Variante nach den Ursachen ihres Entstehens oder der Veränderung dieser Phänomene. Bezogen auf unser Thema bedeutet dies, dass solche Interviews entweder dafür eingesetzt werden können, Informationen über Merkmale und Eigenschaften eines Prozesses, einer institutionellen Ordnung oder eines politischen Programms zu erhalten oder aber zur Rekonstruktion der kausalen Mechanismen eingesetzt werden, die deren Wandel erklären können.

Um dieses Ziel erreichen zu können, verarbeiten solche Fallstudien in der Regel komplexe theoretische Erklärungsansätze, die im Vorfeld der konkreten Interviewsituation in die „Erfahrungswelt" der jeweiligen Gesprächspartner übersetzt werden müssen. Unsere Experten werden folglich nicht unmittelbar mit unseren Forschungsfragen konfrontiert, sondern mit Fragen, die der Realität ihres Wirkungskontextes angepasst sind. Dennoch erlauben es die Ergebnisse von Experteninterviews dem Forscher später, Antworten auf seine Forschungsfragen zu geben. Notwendig ist dafür eine Operationalisierung der Forschungsfrage(n), die gewährleistet, dass aus Interviews generierte Informationen in einer späteren Phase der Fallstudienuntersuchung wieder auf den theoretischen Kontext der Analyse bezogen werden können. Für diese Übersetzungsleistung des eigenen Forschungskontexts in die Erfahrungswelt des Experten spielt der so genannte **Leitfaden** die entscheidende Rolle. Er ist das Erhebungsinstrument für qualitative Interviews, mit dessen Hilfe der Forscher zudem die Interviewsituation strukturiert und steuert. Diese Strukturierung der Interviewsituation ist somit das zweite wichtige Merkmal qualitativer Experteninterviews. Ein drittes Merkmal bezieht sich auf die Art der Informationen, die aus Experteninterviews gewonnen werden können. Grundsätzlich werden diese unter der Annahme durchgeführt, dass exklusives Wissen, über das nur der Experte verfügt, einen wichtigen Erkenntnisgewinn für die Analyse von Politik darstellt. Dieses Wissen, wie wir später noch ausführlicher behandeln werden, lässt sich differenzieren in so genanntes „Betriebswissen", also Kenntnisse über die organisatorischen Prozesse der Bewältigung politischer Probleme, in „Kontextwissen", verstanden als Kenntnisse über institutionelle oder sozio-ökonomische Rahmenbedingungen, unter denen solche politische Problemlösungsstrategien entwickelt und implementiert werden und in „Deutungswissen", das Auskunft gibt über subjektive Wahrnehmungen und Einstellungen des Experten zu dem untersuchten Phänomen (vgl. Meuser und Nagel 2009). Eine der wichtigsten Aufgaben des Interviewers besteht nun darin, dass Gespräch „nicht aus der Hand zu geben" (viertes Merkmal), da sonst die Gefahr besteht, dass zwar interessante Einsichten gewonnen werden, aber nicht die Informationen generiert werden, die zur Beantwortung der Fragestellung der Untersuchung unabdingbar sind. Diese Notwendigkeit drückt sich, als fünftes Merkmal, in der Charakterisierung der Interviewsituation als einer zugunsten des Interviewers asymmetrischen Situation aus.

Definition Qualitative Experteninterviews

Qualitative Experteninterviews können definiert werden als ein systematisches und theoriegeleitetes Verfahren der Datenerhebung in Form der Befragung von Personen, die über exklusives Wissen über politische Verhandlungs- und Entscheidungsprozesse oder über Strategien, Instrumente und die Wirkungsweise von Politik verfügen.

In der genannten Definition von qualitativen Experteninterviews sind drei zentrale Begriffe genannt, die deutlich machen, dass für diese Form der Befragung letztendlich dieselben Gütekriterien gelten, wie wir sie grundsätzlich für die qualitative Sozialforschung annehmen können.

Dabei zielt der Begriff des systematischen Vorgehens vor allem auf die Anforderung der **intersubjektiven Nachvollziehbarkeit der Verfahren der Datenerhebung und Datenanalyse.** Im Unterschied zur quantitativen Befragung kann bei qualitativen Experteninterviews der Anspruch intersubjektiver Nachprüfbarkeit nicht erfüllt werden, insbesondere weil das Erhebungsinstrument hierzu keinen ausreichenden Grad an Standardisierung aufweist. So müssen wir davon ausgehen, dass ein zuvor unbeteiligter Forscher selbst mit dem identischen Erhebungsinstrument und der Befragung desselben Gesprächspartners keine vollständig identischen Informationen erhalten würde. Dennoch liegt es in der Aufgabe des Forschers, den Prozess der Datenerhebung, ihrer Analyse und Interpretation soweit offenzulegen und zu dokumentieren, dass Dritte zumindest die einzelnen Schritte der Vorgehensweise erkennen und bewerten können. Dies betrifft in unserem Fall vor allem die Benennung der Kriterien der Expertenauswahl, die Offenlegung des Leitfadens, die Beschreibung der Interviewsituation und die Darstellung der Auswertungsmethode (vgl. Steinke 1999).

Unter einer **theoriegeleiteten Vorgehensweise** verstehen wir, dass in der eigenen Analyse an bereits vorhandenes theoretisches

Wissen über den Untersuchungsgegenstand angeknüpft werden sollte und die Ergebnisse der eigenen Analyse abschließend auch wieder mit diesem theoretischen Kontext konfrontiert werden müssen. Diese Anforderung ist in der qualitativen Sozialforschung allerdings nicht unumstritten (vgl. Gläser und Laudel 2006, S. 28 f.) Wie wir im nächsten Kapitel sehen werden, existieren durchaus Formen der Expertenbefragung, für die wir diese Anforderung so nicht stellen können (etwa für explorative Interviews). Allerdings muss man auch sehen, dass bereits die Formulierung der Forschungsfrage(n) und deren „Übersetzung" in Interviewfragen sowie natürlich auch die Interpretation des aus Interviews gewonnenen Datenmaterials mindestens impliziten theoretischen Überlegungen unterliegt, die anschlussfähig sein sollten an den Bestand unseres bereits existierenden Theoriewissens. Dies muss nicht zwingend bedeuten, dass die Notwendigkeit besteht, aus relevanten Theorien Hypothesen abzuleiten und diese im strengen Sinne zu prüfen. Auf eine theoriegeleitete Vorgehensweise zu verzichten hieße aber, den möglichen Erkenntnisgewinn aus Experteninterviews von vornherein zu beschränken.

Mit der Art von Wissen des Experten, von dem wir profitieren wollen, ist ein dritter wesentlicher Aspekt verbunden. Dieser betrifft die **Neutralität und Offenheit des Forschers gegenüber neuen Erkenntnissen und sowie anderen Relevanzsystemen und Deutungsmustern.** Gelegentlich wird dieses Kriterium mit den noch anspruchsvolleren Anforderungen nach Objektivität oder Wert(urteils-)freiheit qualitativer Sozialforschung umschrieben (dazu Schnell et al. 2011, S. 80 ff.). Gegen diese Begrifflichkeit spricht jedoch, dass in jedem Forschungsprozess eine „Richtungsentscheidung" bereits durch die Festlegung der Forschungsfrage(n), ihre theoretische Einbettung und beispielsweise auch durch die Auswahl der Interviewpartner vorgenommen wird. So macht es sicher einen Unterschied, ob in einer Analyse zur Leistungsfähigkeit des Sozialstaates auf die administrative Performanz abgehoben wird und demzufolge Experten aus der

Verwaltung befragt werden oder ob sich die Analyse mit den Lebensbedingungen von Leistungsbeziehern beschäftigt und zu deren Ermittlung Experten aus Wohlfahrtsverbänden oder lokalen Hilfsorganisationen interviewt werden.

Erwartet werden muss zudem, dass sich der Forscher, der Experteninterviews durchführt, stets offen zeigt für Informationen oder Bewertungen seines Gesprächspartners, die nicht mit seiner eigenen bisherige Wahrnehmung des zu untersuchenden Phänomens übereinstimmen (Flick 1999, S. 63). In Bezug auf die Expertenbefragung bedeutet dies nun konkret, dass in der Interviewsituation der Gesprächspartner die Möglichkeit haben muss, diese Informationen und Bewertungen auch tatsächlich einzubringen. Das Gebot der Neutralität legt dem Forscher zudem auf, Experteninterviews nicht in einer Weise zu nutzen, die lediglich dazu dient, Bestätigungen für bereits existente eigene Annahmen zu erhalten. Neutralität ist somit ein wichtiges Gütekriterium insbesondere auch für die Auswahl und Formulierung der Interviewfragen. So werden beispielsweise, auf der einen Seite, Suggestivfragen diesen Anforderungen sicherlich nicht gerecht, während auf der anderen Seite Fragetypen genutzt werden sollten, die es dem Befragten erlauben, auf eine gänzlich andere Sicht der Dinge als sie durch die Anlage der Untersuchung offenkundig wird, hinzuweisen. Insofern zeichnet sich ein Interviewleitfaden, wie wir später noch sehen werden, nicht nur durch die systematische Anordnung von Fragen zu unterschiedlichen Dimensionen des Forschungsvorhabens aus, sondern auch durch die Nutzung verschiedener Typen von Fragen, mit denen unterschiedliche Arten von Informationen generiert werden können.

In diesem Zusammenhang muss nun auch der Auffassung widersprochen werden, soziodemographische Daten über den Experten spielten bei der qualitativen Expertenbefragung keine Rolle (Meuser und Nagel 2005, S. 74). Richtig ist natürlich einerseits, dass es nicht das vordingliche Ziel eines solchen Interviews ist, Informationen über berufliche Laufbahnen, Lebensmaxime oder persönliche Wertvorstellungen des Experten zu erhalten. Andererseits ist aber auch offenkundig, dass solche Informationen notwendig sein können, um die konkrete Interviewsituation in Nachhinein beurteilen zu können. So spielt es beispielsweise bei Experteninterviews in Ministerien und Verwaltung durchaus eine nicht zu unterschätzende Rolle, ob der Befragte eine klassische administrative Laufbahn durchlaufen hat oder ob er aufgrund einer spezifischen Expertise als Quereinsteiger den Weg in die Organisation gefunden hat. Deshalb spricht vieles dafür, Experten im Verlauf des Interviews zumindest um Auskunft hinsichtlich ihres bisherigen Berufsweges zu bitten.

Güterkriterien für qualitative Experteninterviews

- Die intersubjektive Nachvollziehbarkeit der Verfahren der Datenerhebung und Datenauswertung,
- Die theoriegeleitete Vorgehensweise,
- Die Neutralität und Offenheit des Forschers gegenüber neuen Erkenntnissen sowie anderen Relevanzsystemen und Deutungsmustern.

Diese nur kurzen Überlegungen zum wissenschaftstheoretischen Kontext von qualitativen Experteninterviews mögen einen Eindruck davon vermitteln, welchen analytischen Mehrwert diese Erhebungsmethode grundsätzlich bieten kann, welche Aspekte und Bedingungen aber auch erfüllt sein müssen, damit die Expertenbefragung als ein wissenschaftlich zuverlässiges Verfahren akzeptiert werden kann. Im Folgenden wird die Darstellung den Prozess der Vorbereitung, Durchführung und Analyse von Experteninterviews Schritt für Schritt nachvollziehen.

So werden wir uns im nächsten Kapitel (Kap. 2) zunächst der Gründe vergewissern, die in der Politikwissenschaft für die Durchführung einer solchen Befragung sprechen. Wir werden ferner der Frage nachgehen, wie sich solche Interviews in einen methodenpluralistischen Ansatz einordnen lassen und in welchen Phasen des Forschungsprozesses welche Arten von Experteninterviews sinnvoll sind. Weiterhin gehen wir auf die Rolle des Experten und die verschiedenen Arten des Wissens, die in Experteninterviews generiert werden können, ein. So ist zu etwa klären, wann ein Experte überhaupt als ein solcher gelten kann und wie sich der jeweilige Forschungskontext zu den verschiedenen Wissenstypen verhält. Abschließend folgen einige Hinweise zu ethischen Aspekten, die bei der Expertenbefragung zu beachten sind.

Im dritten Kapitel wenden wir uns den zentralen Schritten der Planung und Durchführung qualitativer Experteninterviews zu. Hier beschäftigen wir uns zunächst mit dem Leitfragebogen als unserem Erhebungsinstrument und diskutieren den Prozess der Übersetzung von Forschungsfragen in Interviewfragen. Zudem wird begründet, warum ein Test dieses Ergebungsinstruments vor allem in Situation dringend empfohlen ist, in denen sich der Forscher in ein für ihn neues Themenfeld begibt. Hierauf folgt die Darstellung der konkreten Schritte der Interviewvorbereitung, bei der deutlich werden sollte, dass eine frühzeitige Planung solcher Interviews ein zentrales Erfolgskriterium ist. Für die Interviewsituation selbst gilt es dann vornehmlich drei Aspekte zu berücksichtigen. Erstens muss geklärt werden, welche Gründe für oder gegen eine Tonbandaufzeichnung des Experteninterviews sprechen. Zweitens ist der Frage nachzugehen, wie es gelingen kann, ein Interview so zu steuern, dass es möglichst die gewünschten Resultate produziert. Und drittens ist auf die Bedeutung der unmittelbar anschließenden Dokumentation der Interviewsituation hinzuweisen, die für die spätere Interpretation wichtige Hinweise liefern kann. Diese verschiedenen Etappen der Interviewvorbereitung und ihrer Durchführung bauen aufeinander auf. Dies bedeutet jedoch nicht zwangsläufig, dass sie in der dargestellten Reihenfolge notwendigerweise Schritt für Schritt nach einander vollzogen werden müssen. In der Praxis wird man schon aus Gründen der Zeitersparnis bereits Interviewpartner recherchieren und kontaktieren, während der Leitfaden noch entwickelt wird. Allerdings sollte dies in dem Bewusstsein geschehen, dass für die erfolgreiche Ansprache potentieller Interviewpartner bereits ein solides Vorwissen von Nöten ist, das gleichzeitig auch eine wichtige Basis für die Entwicklung des Erhebungsinstruments ist.

Das vierte Kapitel befasst sich dann mit dem Prozess der Auswertung und Interpretation von Experteninterviews. Hierbei ist zunächst festzustellen, dass solche Interviews für die Auswertung in Textform vorliegen müssen. Entsprechend bedienen wir uns für diese Auswertung des Verfahrens der qualitativen Inhaltsanalyse, für die erneut fünf Arbeitsschritte durchlaufen werden müssen. So wird, erstens, die notwendige Textform durch Protokollierung oder Transkription des Interviews hergestellt. Zweitens wird durch die Kodierung dieses Textmaterials ein Zusammenhang hergestellt zwischen den Interviewaussagen des Experten und unseren theoretischen Vorüberlegungen. Diese Kodierung erleichtert im dritten Arbeitsschritt die Identifikation von Kernaussagen und (sofern mehrere Interviews geführt worden sind) die Gegenüberstellung dieser vor dem Hintergrund der Forschungsfrage(n) relevanten Passagen. Ein vierter Schritt besteht in der Erweiterung der Datenbasis. Dieser ist notwendig, weil Experteninterviews in vielen Fällen Informationen generieren, die so ohne weiteres für den Forscher nicht unmittelbar nachvollziehbar sind und deshalb einer Nachrecherche bedürfen. In selteneren Fälle sind sie sogar derart „überraschend", dass wir uns der Mühe unterziehen müssen, diese Informationen durch Daten aus anderen Quellen (ggf. auch aus weiteren Interviews) zu plausibilisieren. Erst mit dieser erweiterten Datenbasis ist es, fünftens, möglich, die Ergebnisse der Experteninterviews theoriegeleitet zu generalisieren und zu interpretieren.

Abschließend wird das fünfte Kapitel noch einmal wesentliche Arbeitsschritte des Prozesses von der Planung der Experteninterviews bis zur Interpretation ihrer Ergebnisse reflektieren und dabei auf typische Probleme und mögliche Lösungsansätze eingehen.

Die zehn Schritte der Planung, Durchführung und Analyse von Experteninterviews

1. Entwicklung des Interviewleitfadens
2. Pre-Test des Interviewleitfadens
3. Auswahl und Kontaktierung der Interviewpartner
4. Durchführung des Experteninterviews
5. Protokollierung der Interviewsituation
6. Sicherung der Ergebnisse (Protokoll oder Transkription)
7. Kodierung des Textmaterials
8. Identifikation der Kernaussagen
9. Erweiterung der Datenbasis
10. Theoriegeleitete Generalisierung und Interpretation

Entsprechend der Konzeption dieses Lehrbuchs als ein begleitendes Kompendium für studentische Interviewvorhaben, wird die nachfolgende Darstellung die zentralen Arbeitsschritte der Expertenbefragung durch Praxisbeispiele illustrieren. Dafür ist es hilfreich, sich auf reale Analysen zu beziehen, die mittels solcher Experteninterviews durchgeführt wurden.

In unserem Fall handelt es sich dabei um zwei Studien, die der Autor dieses Buches selbst zu verantworten hat, bzw. an denen er als Teil eines größeren Forschungsvorhabens mitgewirkt hat. Beide Untersuchungen weisen in ihrer jeweiligen Fragestellung und bezüglich des Forschungsdesigns deutliche Unterschiede auf. Dies wird im weiteren Verlauf von Nutzen sein, weil es uns erlauben wird, mittels dieser Praxisbeispiele auf eine gewisse Bandbreite in der Vorgehensweise der Expertenbefragung hinzuweisen.

In der ersten Untersuchung wurden Experteninterviews im Rahmen einer relativ umfangreichen vergleichenden Analyse der staatlichen Steuerungskapazitäten beim Aufbau moderner, wissensbasierter Industrien genutzt (Kaiser 2008). Dabei ging es um die Frage, welche organisatorischen und institutionellen Voraussetzungen und welche innovationspolitischen Maßnahmen für die Performanz moderner Biotechnologieindustrien in Deutschland, den USA und der Schweiz verantwortlich gemacht werden können. Ziel dieser Studie war es, eine Grundannahme des so genannten „Varieties of Capitalism"-Ansatzes (Hall und Soskice 2001) kritisch zu überprüfen, demzufolge liberale Marktwirtschaften (wie beispielsweise jene der USA) gegenüber den koordinierten Marktwirtschaften (Deutschland und Schweiz) bessere Rahmenbedingungen für die Etablierung und Entwicklung solcher wissensbasierter Industrien bieten. Diese Annahme erschien vor dem Hintergrund der in Relation zu den USA höher entwickelten Biotechnologieindustrie in der Schweiz problematisch, während es in Deutschland in den letzten zwei Jahrzehnten immerhin gelungen war, einen durchaus wettbewerbsfähigen Biotechnologiesektor zu etablieren, selbst wenn dieser gegenüber den USA und der Schweiz einen beträchtlichen Entwicklungsrückstand aufwies. Die Analyse wollte somit nachweisen, dass nicht allein die vom „Varieties of Capitalism"-Ansatz ins Zentrum gerückten Koordinationsbeziehungen von Unternehmen erklärungskräftig sind, sondern sehr viel komplexere institutionelle Konfigurationen, die auf der Basis eines systemischen Innovationsansatzes analysiert worden sind. Hierzu wurden in den drei Untersuchungsländern insgesamt knapp 50 Experten aus Politik und Verwaltung, Unternehmen sowie aus Verbänden und dem Wissenschaftssektor befragt.

In dieser Untersuchung wurden folglich zentrale Analysedimensionen, die bei der Entwicklung des Erhebungsinstruments und bei der kategoriengestützten Auswertung der Experteninterviews eine wichtige Rolle spielen, aus der theoretischen Literatur abgeleitet. Diese Dimensionen umschreiben organisatorische und institutionelle Bedingungen sowie Akteursinteraktionen innerhalb eines Nationalen Innovationssystems, für die im Länder-

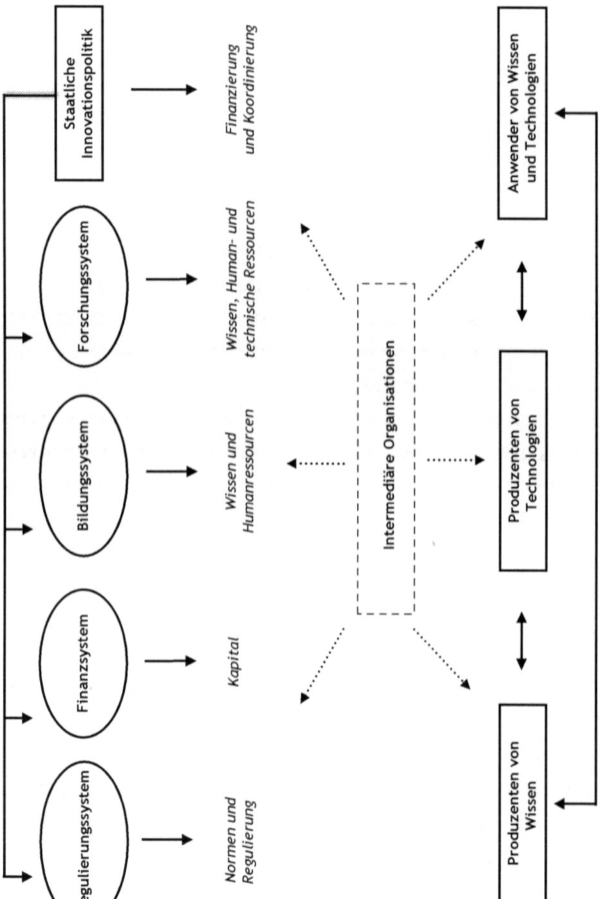

Abb. 1.1 Organisationen, Institutionen und Interaktionen in einem Nationalen Innovationssystem. (Quelle: Kaiser 2008)

vergleich eine beträchtliche Variation in ihrer spezifischen Ausprägung angenommen werden konnte (siehe Abb. 1.1).

Im zweiten Fall handelte es sich um eine relativ „kleine" Studie mit einer begrenzten Zahl von nur vier Interviews (im deutschen Teil der Untersuchung). Auch sie repräsentierte den Typus einer vergleichenden Fallstudie mit kleiner Fallzahl, die allerdings von zwei Forschern in zwei verschiedenen Ländern durchgeführt wurde und zudem noch in einen größeren Politikfeld-vergleichenden Forschungszusammenhang eingebettet war. Hierbei ging es um die Frage, welche Faktoren der bilateralen deutsch-französischen Regierungskoordination die Formulierung und Durchsetzung gemeinsamer Initiativen und Konzepte in der Europapolitik begünstigen oder behindern. Diese Frage war vor dem Hintergrund relevant, dass trotz einer verstärkten Institutionalisierung dieser bilateralen Koordination durch den so genannten Blaesheim-Prozess die Konflikte zwischen den Regierungen beider Länder im letzten Jahrzehnt tendenziell zugenommen hatten. Gleichzeitig war aber auch offenkundig, dass die deutsch-französische Zusammenarbeit in der Europapolitik schon deshalb unverzichtbar war, weil sie sich über Jahrzehnte als der „Motor der Integration" erwiesen hatte und selbst in der Phase wachsender Spannungen dieser Koordinationsfunktion in der europäischen Politik durchaus gerecht wurde. Es ging letztlich also um eine Erklärung für diese Koordinationsleistung und um die Bewertung der Rolle, die diese verstärkte Institutionalisierung der bilateralen Regierungszusammenarbeit überhaupt für die Koordination gespielt hatte (Kaiser und Brehon 2013). Angenommen wurde, dass für den Erfolg der Formulierung und Durchsetzung gemeinsamer Initiativen auf der europäischen Ebene der Grad der Homogenität der jeweiligen nationalen Präferenzen, die Funktionsfähigkeit der institutionalisierten Kooperationsverfahren auf Regierungsebene sowie die tatsächlichen Interaktionen involvierter Akteure (vor allem auf der ministeriellen Arbeitsebene) eine Rolle spielen können.

Auch im Hinblick auf diese Fragestellung existierten in der politikwissenschaftlichen Literatur bereits theoretische Anknüpfungspunkte. So geht beispielsweise der Liberale Intergouvernementalismus davon aus, dass es in zwischenstaatlichen Verhandlungen – und dies gilt in unserem Beispiel sowohl für die deutsch-französische Regierungskoordination wie auch für die späteren Verhandlungen im Europäischen Rat – immer dann zu gemeinsamen Lösungen kommen kann, wenn die nationalen Interessen der beteiligten Staaten konvergieren, wobei es jeweils die Aufgabe der Regierungen ist, zwischen den innergesellschaftlich formulierten nationalen Präferenzen und den eigenen Kooperationsinteressen auf europäischer Ebene zu vermitteln (Moravcsik 1993). Dies würde darauf verweisen, dass für eine Kooperation beider Staaten in der Frage der mittelfristigen Finanzierung der Europäischen Union dann gute Bedingungen bestehen müssten, wenn sich eine Lösung finden ließe, die entweder im gemeinsamen Interesse läge oder doch zumindest ausreichend vielen individuellen Interessen dienen würde. Ob eine solche Kooperation dann aber überhaupt durch die explizit zu diesem Zweck etablierte institutionelle Ordnung begünstigt wird, ist zunächst eine offene empirische Frage. So verweist der Historische Institutionalismus auf den Umstand institutioneller Ineffizienz, deren Ursache zumeist darin begründet liegt, dass Institutionen zu einem Zeitpunkt in der Vergangenheit unter spezifischen zeitgebundenen Bedingungen entstehen, aber im weiteren Verlauf deshalb nicht unbedingt ihre ursprüngliche Funktion erfüllen müssen. So hatten Deutschland und Frankreich ihre bilaterale Zusammenarbeit im Zuge der erheblichen Spannungen, die sich zwischen ihnen im Verlaufe der Regierungskonferenz zum Vertrag von Nizza ergeben hatten stärker institutionalisiert. Ziel war es also, für die Zukunft gerade in europapolitischen Fragen wieder durch eine geschlossene Haltung Konflikte zu minimieren und Einflusschancen zu erhöhen. Diese Intention zur Etablierung von Institutionen begründet aber noch keineswegs, dass

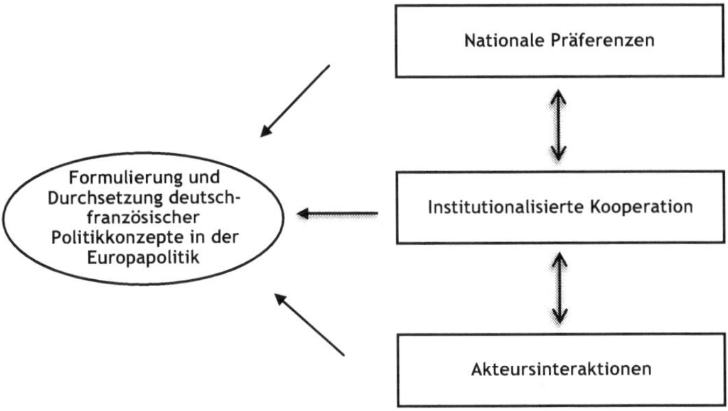

Abb. 1.2 Institutionen und Interaktionsformen in der bilateralen deutsch-französischen Regierungskoordination. (Quelle: Eigene Darstellung)

eine unter diesen Prämissen geschaffene institutionelle Struktur in weniger konfliktträchtigen Phasen aus Sicht der handelnden Akteure einen vergleichbaren Nutzen bietet. Allerdings gehört es auch zu den neo-institutionalistischen Kernannahmen, dass Institutionen das Handeln von Akteuren nicht nur restringieren, sondern auch Handlungsoptionen generieren (Abb. 1.2). Selbst wenn also die verstärkte institutionalisierte Kooperation keine unmittelbare Bedeutung für konkrete Entscheidungssituationen gehabt haben sollte, bedeutet dies noch nicht, dass der durch die Institutionenbildung ausgedrückte Wille zur engeren Kooperation nicht die konkreten Interaktionen der Akteure beeinflusst haben kann (vgl. Steinmo et al. 1992; Hall undTaylor 1996; Immergut 1997).

Diese Forschungsfrage wurde in verschiedenen Politikfeldern der europäischen Integration untersucht (Demesmay et al. 2013). Wir beziehen uns an dieser Stelle aber ausschließlich auf die zuvor genannte Fallstudie, in der es um die Analyse der deutsch-französischen Koordination in den Verhandlungen um den Mehrjährigen Finanzrahmen der Europäischen Union für die Jahre 2014–2020 ging. Diese Fallstudie besaß insofern eine nicht unerhebliche Brisanz, als vor allem in Fragen der Be- und Entlastung der nationalen Haushalte von Nettozahlern in der Europäischen Union besondere politische Interessengegensätze – auch zwischen Deutschland und Frankreich – zu erwarten sind. Daneben zeigt aber auch schon die historische Erfahrung früherer Budgetverhandlungen, dass ein Konsens aller Regierungen der EU-Mitgliedstaaten, der in diesem Fall zudem in Zeiten einer außerordentlichen wirtschaftlichen Krisensituation ausgehandelt werden musste, ohne eine vorherige deutsch-französische Verständigung kaum vorstellbar war (Kaiser 2011; Kaiser und Prange-Gstöhl 2012).

Beide Untersuchungen stellten, wenn auch aus unterschiedlichen Gründen, spezifische Anforderungen an die Planung und Durchführung der Experteninterviews. In beiden Fällen war zunächst aufgrund des jeweiligen Ländervergleichs eine tatsächliche Vergleichbarkeit der erhobenen Daten sicherzustellen. Während im ersten Fall zudem die Vielzahl von unterschiedlichen Akteuren zu berücksichtigen war, lag die Schwierigkeit im zweiten Fall in der Tatsache, dass die Experten jeweils von unterschiedlichen Forschern in den beiden Untersuchungsländern befragt wurden. Zudem mussten die Daten auch noch Bezüge in der cross-sektoralen Dimension erlauben.

Darüber hinaus weisen die beiden Analysen eine Reihe weiterer Unterschiede auf, die sie für uns als Anwendungsbeispiele in besonderer Weise qualifizieren. Zu diesen Unterschieden gehört zum einen, dass das Erkenntnisinteresse der Untersuchung zur staatlichen Steuerungskapazität in der Innovationspolitik sowohl deskriptiver als auch kausaler Natur war. Dieser Umstand erklärt sich daraus, dass die Annahme der Bedeutung komplexer institutioneller Bedingungen es zunächst erforderte, für die jeweiligen Untersuchungsstaaten überhaupt erst einmal zu eruieren, welche institutionellen Konfigurationen tatsächlich einen Einfluss auf die Kommerzialisierung biotechnologischen Wissens gehabt hat-

Tab. 1.2 Merkmale der Expertenbefragung in zwei vergleichenden Analysen. (Quelle: Eigene Darstellung)

	„Innovationspolitik" (Kaiser 2008)	**„Deutsch-französische Koordination" (Kaiser und Brehon 2013)**
Typus der Analyse	Vergleichende Fallstudie (drei Fälle)	Vergleichende Fallstudie (zwei Fälle)
Anzahl und Heterogenität der Experten	Hoch/Hoch	Gering/Gering
Erkenntnisinteresse	Deskriptiv/kausal	Kausal
Art des nachgefragten Wissens	Kontextwissen	Betriebswissen
Analyseperspektive	Struktur	Prozess

ten. Erst in einem zweiten Schritt konnte dann analysiert werden, ob sich diese institutionellen Bedingungen stärker förderlich oder hemmend auf die Etablierung von Biotechnologieindustrien ausgewirkt haben. Die primäre Analyseperspektive bezog sich insofern auf die gegebenen Strukturen, die vorwiegend mit der Abfrage von Kontextwissen ermittelt werden konnte.

In der Untersuchung zur deutsch-französischen Koordination in der Europapolitik waren zur Erhebung der institutionellen Struktur keine Experteninterviews notwendig. Diese Struktur ist durch Dokumente ausreichend belegt und in der relevanten Sekundärliteratur beschrieben und bewertet worden. Entsprechend des Erkenntnisinteresses ging es hier vielmehr darum, den konkreten Prozess der Koordination zu rekonstruieren. Deshalb wurden die Experten vorwiegend mit dem Ziel der Generierung von Betriebswissen befragt, das aber nur bei einer sehr geringen Zahl von Akteuren im politisch-administrativen System zu vermuten war. Dies erklärt auch, warum die Anzahl und die Heterogenität der befragten Akteure in dieser Untersuchung sehr viel geringer waren.

Wenn in dernachfolgenden Darstellung auf die jeweiligen Erhebungsinstrumente, auf einzelne Interviewfragen und – antworten oder spezifische Schritte der Analysen verwiesen wird, dann wird nicht im Original aus den Experteninterviews zitiert. Die beispielhaft angeführten Informationen entsprechen aber den tatsächlich erhobenen Daten sinngemäß. Sie wurden nur zur besseren Anschaulichkeit der Beispiele verändert.

2

Konzeptionelle und methodologische Grundlagen qualitativer Experteninterviews

Wenn wir uns die Frage stellen, wie sich die Befragung von Experten in der Politikwissenschaft begründen lässt, dann bietet es sich an, sich den grundlegenden Gegenstandsbereich dieser Disziplin zu vergegenwärtigen. Die Politikwissenschaft beschäftigt sich mit den Institutionen, Prozessen und Inhalten von Politik, wobei Politik selbst verstanden wird als die „Gesamtheit der Bestrebungen und Spielregeln, die darauf gerichtet sind, die öffentlichen Angelegenheiten gesamtgesellschaftlich verbindlich zu regeln" (Schmidt et al. 2013, S. 7). Diese Prozesse und Verfahren, durch die Politik zu verbindlichen Regeln kommt, sind allerdings keineswegs statisch, sondern verändert sich über Zeit in allen zuvor genannten drei Dimension von Politik. Diese Dynamiken, die vielfach natürlich eine Reaktion auf veränderte Problemlagen darstellen, sind für die Politikwissenschaft von besonderem Interesse.

Wie aber lassen sich neue Strategien von politischen Entscheidungsträgern, der Einsatz neuer Instrumente in politischen Programmen oder der Wandel von institutionellen Bedingungen für politische Entscheidungen systematisch untersuchen?

Ist man vornehmlich an den Ergebnissen von Politik interessiert, so finden sich vielfache Möglichkeiten der Messung von Performanz auf der Basis einschlägiger Indikatoren. So wird kaum jemand bestreiten, dass sich die Leistungsfähigkeit von Wirtschaftspolitik in kapitalistischen Demokratien zu einem erheblichen Teil am Wirtschaftswachstum, der Arbeitslosenstatistik, der Geldwertstabilität oder der Außenhandelsbilanz ablesen lässt. Geht das Untersuchungsinteresse aber über die Ermittlung und Bewertung der Ergebnisse hinaus und richtet sich vielmehr auf das Verständnis von politischen Strategien und Entscheidungsprozessen, gibt die Messung solcher Indikatoren keinen zufriedenstellenden Aufschluss. Sicherlich lassen sich durch die Analyse relevanter Dokumente politische Maßnahmen zu einem beträchtlichen Teil identifizieren und politische Entscheidungsprozesse in gewissem Ausmaß rekonstruieren. Gesetze und Verordnungen, Parlamentsdebatten oder Parteiprogramme sind in der Regel öffentlich zugängliche Quellen, wobei die zunehmende Digitalisierung es dem Forschenden heute sehr viel leichter macht, solche Dokumente zu recherchieren und zu analysieren. Ferner kann zu einem gewissen Grad durch eine Presseanalyse auch ermittelt werden, unter welchen Rahmenbedingungen einzelne politische Entscheidungen getroffen wurden. Offenkundig dürfte aber auch sein, dass diese genannten Quellen in Bezug auf die oben eingeführte Differenzierung von insbesondere Betriebswissen und Kontextwissen nur eine begrenzte Aussagekraft besitzen können. Während sich Betriebswissen in solchen Quellen kaum wiederfinden wird, ist selbst das Potential Kontextwissen zu generieren begrenzt, weil solche Quellen stets aus der Perspektive der jeweils politisch verantwortlichen Akteure formuliert werden. Wichtige Informationen über Ursachen, Anlass und Rahmenbedingungen einer politischen Maßnahme lassen sich etwa den häufig durchaus umfangreichen Begründungen entnehmen, die sich in Gesetzesentwürfen der Bundesregierung finden. Auch wird der Bundesrat seine Stellungnahme zu einem solchen Entwurf in der Regel umfangreich begründen, während die Positionen einzelner gesellschaftlicher Akteure zu einem gewissen Grad im Rahmen ihrer Anhörung im parlamentarischen Gesetzgebungsprozess dokumentiert werden. Solche Begründungen und Positionen sind aber stets auch (und häufig vor allem)

Ausdruck spezifischer institutioneller Eigeninteressen der jeweiligen Akteure und geben selbst in ihrer Gesamtheit nicht immer einen vollständigen Überblick über die Komplexität der institutionellen Bedingungen, der Sachzwänge, der politischen Interessengegensätze oder der Machtkonflikte, die bei der Bewältigung eines politischen Problems eine Rolle spielen können.

2.1 Experteninterviews in der qualitativen Politikforschung

Das „Dilemma unvollständiger Informationen" in der Analyse von Politik kann durch qualitative Experteninterviews natürlich nicht vollständig aufgelöst werden. Aber solche Befragungen mildern doch zumindest das Problem des begrenzten analytischen Zugangs zu unserem Untersuchungsgegenstand vor allem auch im Hinblick auf drei, in durchaus enger Wechselwirkung stehende, jüngere Entwicklungstrends.

Ein erster Trend lässt sich mit dem Begriff der **Entgrenzung von Politik** umschreiben (Kohler-Koch 1998). Entgrenzung kennzeichnet das Phänomen, dass Politik insbesondere in hochentwickelten Industrienationen in immer stärkerer Weise über nationalstaatliche Grenzen hinweg koordiniert wird und damit den traditionellen nationalstaatlichen politischen Institutionen zumindest teilweise entzogen wird, ohne dass jenseits des Nationalstaates in gleicher Weise Strukturen für effektive politische Steuerung oder für demokratische Kontrolle und Legitimation von Politik geschaffen worden wären. Während im „Goldenen Zeitalter des Nationalstaates" (Zürn und Leibfried 2005) eine weitest gehende Kongruenz zwischen dem sozialen und dem politischen Raum existierte, hat sich diese Übereinstimmung von Problem- und Lösungsstruktur spätesten seit dem letzten Viertel des vergangenen Jahrhunderts zunehmend aufgelöst. Als

Ursachen dafür werden vor allem die fortschreitende ökonomische Globalisierung, die Zunahme von Risiken durch globale Umweltgefahren oder grenzüberschreitenden Terrorismus, eine durch technischen Fortschritt unterstützte Transnationalisierung sozialer Bewegungen und eine veränderte geopolitische Lage nach dem Ende des Ost-West-Konflikts genannt (Mann 1997). Stattdessen gewinnen für die verbindliche Regelung öffentlicher Angelegenheiten entweder funktionale transnationale Regime (beispielsweise die WTO, das Kyoto-Protokoll oder der Internationale Währungsfonds) oder vielfältig verflochtene Verhandlungs- und Entscheidungsstrukturen, die sich über verschiedene staatliche Ebenen erstrecken (etwa regionale Integrationsräume und hier vor allem die Europäische Union), eine immer stärkere Bedeutung. Entscheidend ist, dass dieser Prozess der Entgrenzung von Politik für die Politikwissenschaft insofern Probleme aufwirft, als politische Akteure zwar grenzüberschreitend agieren, sie ihr Handeln aber vornehmlich gegenüber national gebundenen Wählern oder Organisationsmitgliedern legitimieren. Hieraus kann sich aus methodologischer Sicht ergeben, dass traditionelle Quellenzugänge der qualitativen Politikforschung, etwa amtliche Dokumente, Parteiprogramme oder selbst die Presseberichterstattung, Motive und Handeln dieser Akteure entweder nur eingeschränkt erkennen lassen, weil nur auf nationale Interessenkonstellationen Bezug genommen wird, oder das entscheidende Daten über jenen Teil entgrenzter Politikprozesse, der jenseits des Nationalstaates organisiert wird, nur unvollständig verfügbar sind. Experteninterviews können in diesem Fall helfen, Verhandlungs- und Entscheidungsstrukturen in ihrer Gesamtheit zu rekonstruieren, die in gleicher Weise durch alternative methodische Zugänge nicht erkennbar würden.

Zweitens wird man von einer zunehmenden **Komplexität von Politik** ausgehen müssen, für die es mindestens zwei unterschiedliche Ursachen gibt. Zum einen zeigt schon der Blick auf aktuelle Politikvorhaben, seien es Themen wie die „Energiewende“

oder die Stabilisierung des europäischen Währungsraums, dass politisches Handeln nicht allein deshalb komplex ist, weil es mit der Anforderung konfrontiert ist, einen Ausgleich zwischen immer ausdifferenzierteren konkurrierenden Interessen zu finden. Die genannten Themen beziehen ihre Komplexität vor allem aus dem Bedarf an technischem Know-how, das zur Entwicklung angemessener Problemlösungsstrategien unabdingbar ist. Für die Analyse von politischem Handeln bedeutet dies natürlich auch, dass Konzepte, Instrumente und Wirkungen von Politik durch den Forscher kaum angemessen analysiert und bewertet werden können, wenn ihm selbst das Verständnis für diese technische Dimension des Problems fehlt. Vor diesem Hintergrund können Experteninterviews weniger mit dem Ziel der Rekonstruktion von Politikprozessen durchgeführt werden, als vielmehr zur Gewinnung eines solchen Grundverständnisses des technischen Problemkontexts, ohne das auch alternative Quellen kaum sinnvoll ausgewertet werden können.

Zum anderen nimmt die Komplexität von Politik durch Veränderungen in Bezug auf staatliches Handeln zu. In der Politikwissenschaft hat sich in den letzten Jahren der Begriff der „Governance" zur Erfassung dieser Veränderungen zunehmend durchgesetzt. Im Kern verweist der Begriff auf den Umstand, dass zur Setzung und Durchsetzung kollektiv verbindlicher Regelungen der Staat in zunehmend geringerer Weise autonom handeln kann, sondern in verschiedensten Formen des Zusammenwirkens zwischen öffentlichen und privaten Akteuren, wodurch Politik nicht mehr allein als hierarchische Anordnung von Regeln durch staatliche Akteure verstanden werden kann, sondern als ein „Management von Interdependenzen", in das unterschiedlichste kollektive Akteure einbezogen sind (Benz und Dose 2010, S. 21). Dadurch haben wir es nicht nur mit einer steigenden Zahl relevanter politischer Akteure zu tun. Entscheidender ist, dass sich – sofern dabei auch private Akteure involviert sind – die Bedingungen für transparentes Regieren durch „Governance" verändern.

Dies gilt schon deshalb, weil gegenüber privaten Akteuren nicht dieselben demokratischen Kontrollmöglichkeiten bestehen und diese auch nicht vergleichbaren Informationspflichten unterliegen wie dies für öffentliche Akteure gilt. Unter dieser Bedingung ist der Analyse von Politik etwa bei der Frage, welchen Einfluss unternehmensnahe Lobbygruppen auf Produktregulierungen besitzen, Grenzen gesetzt, wenn sie allein auf öffentlich zugängliche Quellen vertrauen muss.

Und drittens wird man auch von einer zunehmenden **Informalisierung von Politik** ausgehen müssen, also eines Prozesses, in dem wichtige politische Entscheidungen zwar nach wie vor in den formal dafür vorgesehenen Institutionen und Verfahren getroffen werden, wesentliche Vorabverständigungen aber in Gremien oder Koordinationsverfahren stattfinden, die entweder verfassungs- oder vertragsrechtlich gar nicht vorgesehen sind und infolgedessen nicht vergleichbaren Transparenz- und Legitimationsanforderungen unterliegen. Ob dies nun Koalitionsausschüsse im nationalen politischen Raum (Miller 2011), so genannte Triloge im europäischen Entscheidungsprozess (Garman und Hilditch 1998) oder grundlegende Informalisierungstendenzen in der „transnational governance" (Greven 2005) sind, muss hier nicht weiter diskutiert werden. Wichtig ist an dieser Stelle nur, dass durch den analytischen Fokus auf formale Institutionen und Prozesse wesentliche Ausschnitte von Verhandlungs- und Entscheidungsprozessen ausblendet werden können, für deren „Erhellung" es aber kaum eine Alternative zu Experteninterviews geben dürfte. Allerdings muss auch gesehen werden, dass die Befragung von Experten sicherlich keine Gewähr dafür bieten kann, dass informelle Politikprozesse vollständig nachvollzogen werden können. Dies gilt schon deshalb, weil der informelle Charakter dieser Koordinationsforen in der Regel über konkrete Verhandlungs- und Entscheidungszeiträume hinauswirkt, um deren Funktionsfähigkeit auch zukünftig zu gewährleisten. Immerhin wird man aber durch Experteninterviews Einsichten gewinnen können, die bei alternativen methodischen Zugängen verschlossen bleiben.

Methodologische Herausforderungen für die qualitative Politikanalyse

- Die **Entgrenzung von Politik**: die Auflösung der Kongruenz zwischen dem sozialen und dem politischen Raum durch die Zunahme sozialer und ökonomischer grenzüberschreitender Interaktionen und als Folge der Koordination von Politik jenseits des Nationalstaates.
- Die **Komplexität von Politik**: die Zunahme politischer Problemlösung, die beträchtliches technisches Know-how erfordert sowie die Transformation von Staatlichkeit und die Herausbildung neuer Governance-Strukturen.
- Die **Informalisierung der Politik**: politische Problemlösung jenseits formaler Institutionen und Verfahren mit der Konsequenz mangelnder Transparenz und dem Verlust von Legitimation.

Zusammengenommen können wir also davon ausgehen, dass die genannten Dynamiken der zunehmende Entgrenzung, Komplexität und Informalisierung nicht ohne Auswirkungen auf unseren methodischen Zugang zur Analyse von Politik bleiben können. Zunehmende Informalisierung stellt insofern ein Grundproblem für die wissenschaftliche Analyse dar, als wir akzeptieren müssen, das politische Verhandlungs- und Entscheidungsprozesse vor allem jenseits des Nationalstaates nicht vollständig rekonstruiert werden können. Experteninterviews können hier im Einzelfall wichtige Ergebnisse liefern und erlauben womöglich sogar die Identifikation fallübergreifender Muster der Informalität. Für eine Generalisierbarkeit von Aussagen über Informalisierung in der Politik reichen sie aber offenkundig nicht aus. Der steigenden Komplexität von Politik begegnet die Politikwissenschaft einerseits mit einer fortschreitenden Ausdifferenzierung ihres Forschungsfelds. So sind heute nicht wenige Politikwissenschaftler zu Quasi-Experten für den Klimawandel, für die Marktmechanismen im Telekommunikations- oder Stromsektor oder für die unterschiedlichsten Fraktionen von Terrorbewegungen im arabischen Raum geworden. Wichtiger ist aber, dass diese Komplexität qualitativen Methoden einen gewissen Vorzug verleiht, weil sie ein grundsätzliches Zugangsproblem für quantitative Forschungsansätze darstellen kann. Dies gilt, weil notwendige Aggregatdaten trotz der rasanten Zunahme der Datenproduktion durch internationale oder zwischenstaatliche Organisationen für eine statistische Analyse häufig fehlen und nur mit sehr großem Aufwand erhoben werden können. Im Bereich dieser qualitativen Methoden erleichtern Experteninterviews den Zugang zu technischem Know-how, soweit es für die Analyse von Politik relevant ist. Im Hinblick auf die Entgrenzung von Politik dürften Experteninterviews letztlich die qualitative Analysemethode sein, die am wenigsten dem Problem eines „methodologischen Nationalismus" (Beck 1997; Wimmer und Glick Schiller 2002; Beck und Grande 2010) ausgesetzt ist. Da solche Experteninterviews eine der wenigen, sicher aber die häufigste verwendete, Methode der eigenständigen Datenerhebung in der qualitativen Politikforschung ist, besteht hier am ehesten die Möglichkeit, sich in der Bildung von Untersuchungskategorien vom etablierten nationalen Bezugsraum von Politik, Gesellschaft, Kultur und Ökonomie zu trennen und Kategorien zu entwickeln, die den globalen Interdependenzen und Interaktionen stärker gerecht werden.

2.2 Anwendungsfelder qualitativer Experteninterviews in der Politikforschung

Qualitative Experteninterviews können im politikwissenschaftlichen Forschungsprozess in unterschiedlichen Phasen und in unterschiedlicher Gestalt zum Einsatz kommen. Wir werden an dieser Stelle drei verschiedene Typen differenzieren: das **explorative Forschungsinterview**, das **leitfaden-gestützte Experteninterview** sowie das **Plausibilisierungsgespräch**.

Im **explorativen Forschungsinterview** wird Expertenwissen zur Informationsgewinnung über aktuelle und bisher wenig erforschte Fragestellungen genutzt. Explorative Studien werden unternommen, wenn zu einem wissenschaftlich relevanten Problembereich bisher keine gesicherten theoretischen Annahmen oder belastbare empirische Daten vorliegen. Das Ziel solcher Untersuchungen ist es dann, „Sachverhalte zu erkunden, zu erforschen oder ausfindig zu machen" (Bortz und Döring 2002, S. 360). Es geht hierbei also um das Sammeln von Informationen, die überhaupt erst die Formulierung von Hypothesen erlauben. In einer solchen Situation führt in der qualitativen Politikforschung kaum ein Weg an der Befragung von Experten vorbei.

Für solche explorativen Studien können Forschungsinterviews naturgemäß nicht mit einem bereits umfassend strukturierten Leitfaden durchgeführt werden. Denn diese Strukturierung bezieht sich ja nicht nur auf die Organisation des Fragebogens, sondern insbesondere auch auf die theoretische Herleitung des Fragenkontextes. Dieses bedeutet jedoch nicht, dass explorative Studien keine klar umrissene Fragestellung hätten oder dass ein Leitfaden, der zumindest auf der Basis dieser Fragen vorläufige Untersuchungsdimensionen festlegt, nicht sinnvoll wäre (vgl. Bogner und Menz 2005, S. 37). Allerdings ergeben sich diese Untersuchungsdimensionen dann weniger aus konzeptionellen Vorüberlegungen, sondern aus der unmittelbaren Beobachtung der Umwelt. So könnte eine Forschungsfrage gerade dadurch motiviert sein, dass die Beobachtung eines wissenschaftlich relevanten Phänomens auf eine Abweichung von etablierten theoretischen Annahmen hindeutet. Explorative Studien müssen sich zudem auch nicht durch eine systematische Auswahl der Interviewpartner auszeichnen. Vielmehr kann hier auch das „Schneeballsystem" zum Einsatz kommen, durch das relevante Experten durch Hinweise aus zuvor geführten Interviews identifiziert werden können.

Der explorativen Expertenbefragung wird insofern häufig die Funktion einer Vorstudie für eine spätere weitaus stärker standardisierte oder strukturierte Analyse zugeschrieben. Dies ist durchaus nachvollziehbar, da durch explorative Interviews wichtige Hinweise nicht nur für die Entwicklung eines Leitfadens, sondern – ganz allgemein – für das Forschungsdesign der „Hauptuntersuchung" gewonnen werden können. Im Umkehrschluss heißt dies aber natürlich auch, dass für die Untersuchung wissenschaftlich relevanter Phänomene, zu deren Erklärung bereits etablierte theoretische Konzepte vorliegen, eine explorative Vorgehensweise wenig plausibel ist. Eine Ausnahme besteht allerdings in Fällen, in denen solche explorativen Interviews nicht Gegenstand der eigentlichen Analyse des Phänomens sind, sondern ausschließlich der Gewinnung von „technischem" Know-how dienen. So dürfte leicht nachzuvollziehen sein, dass beispielsweise zur Untersuchung der institutionellen Bedingungen für die Etablierung moderner Biotechnologieindustrien ein Grundverständnis über den technologischen Paradigmenwechsel von Nöten ist, der sich in der pharmazeutischen Forschung seit den frühen 1970er Jahren ergeben hat. Das Wissen um die Vorbedingungen und Konsequenzen dieses Paradigmenwechsels ist dabei weniger für die eigentliche Analyse der institutionellen Implikationen von Relevanz, sondern vielmehr von Bedeutung für die Frage, wer überhaupt als relevanter Akteur für die Untersuchung von biotechnologischen Kommerzialisierungsprozessen betrachtet werden muss und welcher Untersuchungszeitraum geeignet ist, um die zentralen Veränderungsprozesse zu erfassen.

Das **leitfaden-gestützte Experteninterview** als zweiter Typus der Expertenbefragung unterscheidet sich in mindestens zweierlei Hinsicht vom Typus des explorativen Interviews.

Erstens unterliegen solche Leitfadeninterviews deutlich höheren Anforderungen an eine systematische und theoriegeleitete

Vorgehensweise. Sie zielen insofern gerade nicht darauf ab, ein in anderen Zusammenhängen durchaus sinnvolles aber weithin unstrukturiertes Instrument der Informationssammlung zu sein. Leitfadeninterviews verfolgen vielmehr das Ziel, spezifische Informationen über ein zu untersuchendes Phänomen zu generieren, die anderweitig nicht zu erhalten wären. Die Spezifität der Information leitet sich dabei aus der Fragestellung der Analyse und ihrer theoretischen Einbettung ab. Zweitens, so wird an dieser Stelle argumentiert, sind solche Leitfadeninterviews in besonderer Weise als ein analytischer Zugang innerhalb eines methodenpluralistischen Ansatzes geeignet.

Mit dem Begriff des Methodenpluralismus ist an dieser Stelle nicht die Kombination qualitativer und quantitativer analytischer Methoden („Mixed Methods") gemeint, sondern die Nutzung verschiedener Zugänge zu Quellen, die für eine qualitative Politikanalyse relevant sind. In diesem Bereich verfügen wir nur über eine überschaubare Anzahl von Verfahren der eigenen Datenerhebung (im Sinne von Daten, die nicht bereits in Dokumenten oder Statistiken vorliegen). Neben den uns hier interessierenden Interviews kommen dafür grundsätzlich nur noch eine Gruppendiskussion oder die teilnehmende Beobachtung in Betracht, die aber beide in der Politikwissenschaft bis heute nur ein Schattendasein führen. Dadurch gewinnt die Analyse von Daten an Bedeutung, die unabhängig und ohne Zusammenhang zum eigenen Forschungsvorhaben existieren. Dies betrifft im Wesentlichen unterschiedlichste Arten von schriftliche Quellen (amtliche Dokumente, offizielle Stellungsnahmen politischer Akteure, Presseartikel), zunehmend auch digitale und visuelle Medienprodukte sowie unterschiedlichste Arten von Aggregatdaten.

In der qualitativen Politikforschung sind aus diesem Grund Untersuchungen, die sich ausschließlich auf eine Expertenbefragung stützten, durchaus kritisch zu sehen. Warum ist dies so? Grundsätzlich wird man jedem methodischen Zugang in der Politikwissenschaft spezifische Potentiale und Begrenzungen zuweisen können. Diese Begrenzungen betreffen dabei zunächst die Verfügbarkeit von Daten, bzw. die Beschränkungen in der Möglichkeit der eigenen Datenerhebung. So würde die Europaforschung zweifellos davon profitieren, wenn Sitzungen der Staats- und Regierungschefs im Europäischen Rat öffentlich wären oder zumindest vollständig dokumentiert würden. Tatsächlich tagt der Europäische Rat aber hinter verschlossenen Türen, während für einzelne Phasen dieser Gipfeltreffen (insbesondere das gemeinsame Abendessen der Staats- und Regierungschefs) nicht einmal eine Protokollniederschrift angefertigt wird. Unter diesen Bedingungen ist etwa eine teilnehmende Beobachtung nicht mehr als ein frommer (Forscher-)Wunsch. Wichtiger ist jedoch, dass sich hier der Politikprozess nicht einmal auf der Basis öffentlich zugänglicher Dokumente rekonstruieren lässt. Selbst in Bezug auf das europäische Gesetzgebungsverfahren wurde der Rat der Europäischen Union, in dem die Regierungen der Mitgliedstaaten an der Legislative beteiligt sind, erst durch ein Urteil des Europäischen Gerichtshofes (Rechtssache C-280/11 P; Urteil vom 17. Oktober 2013) dazu gezwungen, öffentlich erkennbar zu machen, welche nationalen Regierungen einzelne Änderungsvorschläge zu den verschiedenen Gesetzgebungsvorhaben eingebracht haben. Dadurch wird nunmehr ein besonderer Vorzug der Dokumentenanalyse erkennbar. Sofern relevante Informationen veröffentlicht werden, sind sie als solche recherchierbar und vor allem belegbar. Dies wäre hingegen nicht so, wenn entsprechende Informationen in Experteninterviews unter der Prämisse der Vertraulichkeit der Informationen gegeben würden.

Damit ist offenkundig, dass bei einem methodenpluralistischen Ansatz der Vorteil besteht, dass mögliche Defizite und Fehlerquellen der einzelnen methodischen Zugänge wechselseitig neutralisiert werden können (Voelzkow 1995, S. 56). Experteninterviews leisten dabei zunächst einmal eine Erweiterung des analytischen Instrumentariums für die qualitative Politikanalyse und können dadurch die Interpretation des Datenmaterials insgesamt auf eine sicherere Basis stellen.

Vor diesem Hintergrund muss aber auch deutlich gesagt werden, dass natürlich auch leitfaden-gestützte Experteninterviews als der systematischste methodische Zugang der qualitativen Befragung ebenso Defizite und Fehlerquellen besitzt. Die meisten dieser Fehlerquellen sind mit der Quelle der Daten, also dem Experten selbst verbunden. So kann der Forscher letztlich nur bedingt beeinflussen, ob der Experte bewusst oder unbewusst irreführende Informationen preisgibt oder sich in der Interviewsituation auf rein formale Positionen zurückzieht, die ebenso gut durch die Analyse von Veröffentlichungen der entsprechenden Organisationen hätten erhoben werden können. Auch die Beantwortung von Fragen im Sinne sozialer Erwünschtheit ist eine grundlegende Problematik, die eine Verzerrung von Forschungsergebnissen begründen kann. Alle diese Probleme können selbst bei intensiver Vorbereitung und systematischer Strukturierung der Experteninterviews durch den Leitfaden nie vollständig ausgeschlossen werden. Gerade aus diesem Grund ist es wichtig, die Gesprächssituation unmittelbar nach einem Interview zu protokollieren (s. Kap. 3.5), um damit das Risiko zu minimieren, dass die Ergebnisse fragwürdiger Interviews später unreflektiert in die Analyse einfließen. Richtig ist aber auch, dass gerade die Nutzung eines Interviewleitfadens die beste Gewähr dafür bietet, die Qualität der durch Experteninterviews erhobenen Daten einzuschätzen. Denn erst vor dem Hintergrund der selbst formulierten Fragen wird ersichtlich, ob der Experte die vornehmlich gewünschten Fakten oder doch eher persönliche Einschätzungen, Anekdoten oder gar Falschinformationen präsentiert hat.

Aus allen diesen Gründen gibt es in der sozialwissenschaftlichen Diskussion bis heute gegenüber leitfaden-gestützten Experteninterviews ein nicht unerhebliches, vornehmlich methodologisch begründetes, „Unbehagen" (Trinczek 2005, S. 210). Dieses Misstrauen ist vor allem dem Umstand geschuldet, dass die qualitative Expertenbefragung in hohem Maße kontextspezifisch und dynamisch ist und es deshalb bis heute keine standardisierte, geschweige denn eine allgemein akzeptierte, Vorgehensweise gibt. Während sich die Kontextspezifität in erste Linie aus der Frage-, bzw. der Problemstellung der Untersuchung ergibt, bezieht sich der Begriff der Dynamik auf die Interviewsituation selbst, die auch bei dem Einsatz eines Leitfadens zur Strukturierung dieser Interviewsituation nicht vollständig im Voraus prognostiziert oder im Gespräch selbst gesteuert werden kann.

Und drittens eignen sich Experteninterviews auch zur **Plausibilisierung wissenschaftlicher Untersuchungsergebnisse**. In diesem Fall fließen die im Rahmen der Befragung erhobenen Daten folglich nicht mehr unmittelbar in die Analyse selbst ein, sondern dienen insbesondere dazu, deren Relevanz und Verständlichkeit für einen Leserkreis außerhalb des akademischen Bereichs sicherzustellen. Dieser Aspekt ist gerade in jüngerer Zeit für drittmittelfinanzierte Forschung mehr und mehr bedeutsam geworden, insbesondere in Fällen, in denen Forschungsförderorganisationen die Anforderung stellen, aus dem wissenschaftlichen Untersuchungsergebnis Handlungsempfehlungen für die politische Praxis abzuleiten oder die Ergebnisse aktiv im Kreise relevanter „Stakeholder" zu verbreiten. Man mag zu diesem „Transfer" wissenschaftlicher Forschung stehen wie immer man will, sicher ist aber wohl, dass es für den Forscher eine durchaus lehrreiche Erfahrung sein kann, wenn solche aus der eigenen Forschung abgeleiteten Empfehlungen von politischen Praktikern als „nette, aber gänzlich unrealistische Idee" gebrandmarkt werden. Expertenbefragungen zur Plausibilisierung eigener Forschung können aber durchaus auch in kleineren Forschungskontexten sinnvoll sein. So besteht in der Regel ohne weiteres die Möglichkeit, Experten, die man im Rahmen einer interview-basierten Analyse bereits befragt hat, nach Beendigung des Projekts nochmals mit den Ergebnissen zu konfrontieren. Im Unterschied zum ursprünglichen Interview geht es dann nicht mehr um die

Ermittlung harter Fakten, sondern um die Einschätzung der Ergebnisse, wobei in diesem Fall auch die wissenschaftlichen Konzepte in die Diskussion einfließen können, die der Untersuchung zugrunde lagen. Insofern können solche Plausibilisierungsgespräche durchaus wertvolle Hinweise insbesondere für die Präsentation der Forschungsergebnisse geben.

Varianten qualitativer Experteninterviews

- **Explorative Experteninterviews**: sie dienen entweder der allgemeinen Informationssammlung in einem bisher wenig erforschten Themengebiet (mit dem Ziel der Hypothesenbildung), der Vorbereitung einer systematischen Hauptuntersuchung (auch durch die Generierung technischen Know-hows für den Forschenden) oder der „Felderöffnung" im Sinne der Identifikation relevanter Experten.
- **Leitfaden-gestützte Experteninterviews**: sind stärker strukturierte Formen der Befragung mit den Ziel der Gewinnung harter Fakten, die sich aus anderen Quellen nicht oder nur eingeschränkt ermitteln lassen. Mittels des Interviewleitfadens erfolgt die Befragung mit dem klaren Ziel der Abfrage spezifischen Wissens, das zur Beantwortung einer bereits präzisen (und theoretisch eingebetteten) Forschungsfrage notwendig ist.
- **Plausibilisierungsgespräche**: können nach Abschluss des empirischen Forschungsprogramms über dessen Ergebnisse sinnvoll sein, um entweder zu „praxistauglichen" Handlungsempfehlungen zu kommen oder um Hinweise zur Präsentation der Forschungsergebnisse zu erhalten.

2.3 Die Rolle des Experten

Für die methodologische Einordnung von qualitativen Experteninterviews müssen nun vor allem zwei zentrale Aspekte kritisch reflektiert werden: die Frage, wer überhaupt als Experte gelten kann sowie die Frage, welche Arten von Wissen durch Experteninterviews generiert werden können.

Wenn wir uns zunächst dem Expertenbegriff zuwenden, so kann unter einer wissenssoziologischen Perspektive der Experte auf der einen Seite vom Laien und auf der anderen Seite vom Spezialisten unterschieden werden. Die erstgenannte Differenzierung erscheint unmittelbar einsichtig. Während der Laie über Allgemein- oder Alltagswissen verfügt, gestehen wir dem Experten ein „Sonderwissen" zu, das sich als „sozial institutionalisierte Expertise" (Sprondel 1979, S. 141) begreifen lässt. Expertenwissen ist demnach an eine Funktion oder Berufsrolle gebunden. Der Spezialist wird zweifellos – im Vergleich zum Laien – ebenfalls über Sonderwissen verfügen. Allerdings unterscheidet ihn vom Experten, dass er nicht autonom über die „Problemlösungsadäquanz" (Hitzler 1994, S. 25) seines Wissens und seiner Kompetenzen entscheiden kann. Was den Experten also im Kern auszeichnet, ist seine „institutionalisierte Kompetenz zur Konstruktion von Wirklichkeit" (Hitzler et al. 1994). Die Unterscheidung zwischen Laien, Experten und Spezialisten ist für unsere Befassung mit Experteninterviews deshalb sinnvoll, weil sie darauf verweist, dass wir einer gewissen Akteursgruppe in einem politischen System ohne weiteres den Status des „Experten" zuschreiben würden, selbst wenn diese Akteure bei politischen Problemlösung zumindest in Einzelfällen eher über „laientypisches" Allgemeinwissen verfügen und sich in ihrer politischen Entscheidungsfindung auf die Kompetenzen von Spezialisten verlassen müssen. Wie anders wäre eine Situation zu beschreiben, in der Abgeordnete des deutschen Bundestages unter enormen Zeitdruck über technisch hoch komplexe Rettungsschirme für Euro-Krisenstaaten abstimmen müssen, über deren vermeintliche Wirkung ihnen lediglich „Expertisen" von öffentlichen und privaten Finanzinstitutionen zur Verfügung stehen.

Gleichzeitig haben wir es im Prozess der verbindlichen Regelung gesellschaftlicher Konflikte mit „Spezialisten" zu tun, die durch ihre Tätigkeit zwar wichtige Hinweise und Empfehlungen für eine konkrete Problemlösung bereitstellen können, an ihrer politischen Durchsetzung aber im Regelfall nicht beteiligt sind. So hat der Deutsche Bundestag mit Gesetz vom 01. August 2007 einen nationalen Ethikrat etabliert, der sich aus 26 Wissenschaftlern zusammensetzt, die im weitesten Sinne im Bereich der Lebenswissenschaften spezialisiert sind. Der gesetzliche Auftrag dieses Gremiums besteht u. a. darin, zu aktuellen Fragen der Lebenswissenschaften Empfehlungen für gesetzgeberisches Handeln zu entwickeln. Im Jahr 2011 lieferte dieser Ethikrat ein anschauliches Beispiel dafür, weshalb „Spezialisten" hinsichtlich der oben zitierten Problemlösungsadäquanz ihrer Kompetenzen durch ihre Auftraggeber kontrolliert werden (müssen). In seiner Stellungnahme zur Präimplementationsdiagnostik (PID) votierte die Hälfte seiner Mitglieder für eine Zulassung dieser Methode unter engen Voraussetzungen, 11 Mitglieder sprachen sich gegen eine Zulassung aus, während sich ein Mitglied enthielt und ein weiteres Mitglied in einem Sondervotum die vollständige Freigabe empfahl. Damit waren die Empfehlungen nur bedingt tauglich für die Abgeordneten des Deutschen Bundestages, die sich schließlich in einer fraktionsübergreifenden Initiative mehrheitlich für die begrenzte Freigabe der PID aussprachen.

Vor diesem Hintergrund wird leicht erkennbar, dass Experteninterviews nicht grundsätzlich nur mit „Experten" im engsten Sinne der zuvor präsentierten Definition geführt werden. Mit Blick auf die eingangs erwähnten Anwendungsfälle von Experteninterviews ließe sich zum einen begründen, gerade explorative Interviews auch mit Spezialisten zu führen, die Auskunft über die technische Dimension eines aktuellen politischen Problems geben können ohne selbst Teil der Problemlösung zu sein. Zum anderen kann für die Konfrontation eigener Forschungsergebnisse mit der Praxis auch durchaus das Allgemein- und Alltagswissen unterschiedlichster „Stakeholder" bedeutsam sein. Die einschlägige Literatur zu qualitativen Experteninterviews legt den Begriff des Experten deshalb zu Recht weniger strikt aus. Fasst man die Positionen zusammen, so lassen sich im Kern zwei Merkmale benennen, die aus der Sicht der Politikforschung die Rolle von Experten umschreiben:

So definieren sich Experten, erstens, **über Position und Status sowie über das ihnen zugeschriebene Wissen**. Nach Meuser und Nagel (2005, S. 73) kann als Experte gelten, „wer in irgendeiner Weise Verantwortung trägt für den Entwurf, die Implementierung oder die Kontrolle einer Problemlösung oder wer über einen privilegierten Zugang zu Informationen über Personengruppen oder Entscheidungsprozesse verfügt". In der Politikforschung sind es folglich zunächst die Akteure, die unmittelbar in Entscheidungsprozesse involviert sind, die uns als Experten interessieren. Dabei ist allerdings der Begriff der Verantwortung relativ weit auszulegen. Im Gesetzgebungsprozess, beispielsweise, liegt die politische Verantwortlichkeit offenkundig bei den Akteuren, die unmittelbar an der Entwicklung und Verabschiedung von Gesetzen beteiligt sind. Dies sind, im deutschen Fall, aber keineswegs nur die Mitglieder von Bundestag und Bundesrat sowie der Bundesregierung, denen das Grundgesetz eine Rolle im legislativen Prozess zuweist. Zu bedenken wäre in diesem Fall, dass Gesetze vorwiegend in der Ministerialverwaltung entwickelt werden und insofern eine wichtige Expertenrolle auf der Referatsebene des jeweils zuständigen Ministeriums zu suchen wäre, wo die Hauptarbeit der Formulierung des späteren Rechtsaktes geleistet wird. Insofern verweisen die Begriffe von Position und Status keineswegs darauf, dass innerhalb einer Organisation zwingend die höchste Hierarchieebene Expertenstatus genießt. Vielmehr ist es so, dass mit jeder Hierarchiestufe die Zahl der Akteure geringer, der Grad der Generalisierung von Aufgaben und Kompetenzen aber höher wird.

Zweitens ist der Experte **Träger des für die wissenschaftliche Analyse relevanten Funktionswissens**. Er kann Auskunft geben über „Beurteilungen von Situationen, Positionen und Geschehnissen", für die eine „gewisse Intersubjektivität" angenommen werden kann (Lauth et al. 2009, S. 168). Experten werden folglich nicht als „Privatpersonen" (Helfferich 2009, S. 163) befragt und es interessieren (grundsätzlich) auch keine soziodemographischen, bzw. biographischen Daten. Dieses zweite Merkmal weist uns darauf hin, dass relevante Experten nicht immer nur im engeren Kreis der politisch verantwortlichen Organisationen gesucht werden sollten. So ist durchaus vorstellbar, dass etwa Journalisten oder externe Fachleute einen privilegierten Zugang zu Entscheidungsträgern haben oder hatten, aber im Nachhinein sehr viel offener über den Prozess politischer Entscheidungsfindung Auskunft geben können als die unmittelbar involvierten Akteure selbst.

Dabei ist allerdings insbesondere zu berücksichtigen, dass die **Zuschreibung der Expertenrolle immer durch den Forscher selbst** im konkreten Forschungsprozess erfolgt. Ein Experte für die Neufassung der europäischen Milchquotenregulierung wird, so steht zu vermuten, nicht auch noch Expertise über den Bedarf im sozialen Wohnungsbau zur Verfügung stellen können. Mit der schon besprochenen Kontextspezifität von Experteninterviews ist deshalb insbesondere auch gemeint, dass der Forscher letztlich identifizieren und entscheiden muss, wer vor dem Hintergrund des jeweiligen Forschungsproblems über privilegierte Informationen verfügt und auch bereit ist, diese preiszugeben. Dabei ist zu berücksichtigen, dass in der Regel nicht ein Experte existiert, der über das gesamte Wissen verfügt, das zur Rekonstruktion eines Sachverhaltes notwendig ist (Gläser und Laudel 2006, S. 113), weshalb sich aus Sicht des Forschers nicht nur die Frage stellt, wer überhaupt als Experte angesehen werden kann, sondern welche Anzahl von Experten aus welchen Bereichen befragt werden muss, um die notwendigen Daten erheben zu können.

In ihrer Gesamtheit lassen diese Merkmale leicht erkennen, dass die Identifikation und Gewinnung von Experten ein außerordentlich anspruchsvoller Arbeitsschritt in der Vorbereitung qualitativer Interviews ist. Er setzt vor allem voraus, dass sich der Forscher bereits so intensiv in sein Forschungsgebiet eingearbeitet hat, dass ihm die relevanten Akteure bekannt sind und er darüber hinaus ein Verständnis dafür entwickelt hat, wo jenseits der unmittelbar an der Problemlösung beteiligten Akteure relevante Expertise vermutet werden kann. So muss etwa vor dem Hintergrund der zuvor diskutierten zunehmenden Komplexität von Politik insbesondere auch durch die Einbeziehung privater Akteure in die Entscheidungsfindung einerseits davon ausgegangen werden, dass relevante Experten auch außerhalb der engen Grenzen des politisch-administrativen Systems existieren. Andererseits besitzt heute die Mehrzahl von politischen Problemlösungsvorhaben eine Dimension, die über die Grenzen des Nationalstaates hinausreicht, sei es durch europarechtliche Implikationen für die nationale Gesetzgebung oder durch parallel stattfindende Regelungsanstrengungen innerhalb transnationaler Regime. Deshalb ist es durchaus angebracht, abhängig vom jeweiligen Forschungsproblem auch Experten im europäischen Raum oder bei internationalen Organisationen zu vermuten.

Vor diesem Hintergrund ist es auch nachvollziehbar, dass formuliert worden ist, eine Voraussetzung für erfolgreiche Experteninterviews sei, dass der Forscher selbst zum „Quasi-Experten" (Pfadenhauer 2005, S. 113) werde müsse. Die Planung und Durchführung von Experteninterviews setzt eine hohe Feldkompetenz auf Seiten des Forschers voraus, wobei der Nachweis dieser Kompetenz vor allem durch die Beherrschung der Techniken der Datenerhebung gelingen kann (Pfadenhauer 2005, S. 127 f.). Dies gilt vor allem für den Zeitpunkt der Interviewsituation selbst, in der ein Gesprächspartner kaum relevante Informationen preisgeben wird, wenn er den Eindruck hat, dass der Interviewer selbst keine ausreichenden Kenntnisse über den Gegenstand des Interviews besitzt. In gewisser Weise gilt diese Anforderung aber auch schon für die Phase der Gewinnung von Interviewpartnern, weil es nur auf der Basis solider Kenntnisse über das Forschungsproblem möglich ist, relevante Experten für eine Befragung zu identifizieren.

Zumindest beim leitfaden-gestützten Interview ist es folglich nicht so, dass man sich als Forscher das Problem und dessen Lösung durch den Experten grundlegend erklären lässt. Stattdessen geht es vielmehr darum, gezielt jene nicht oder nur teilweise aus anderen Quellen erhältlichen Daten zu ermitteln, die es später erlauben, ein Phänomen präzise zu beschreiben oder die Gründe für dessen Veränderung zu benennen. Leitfaden-gestützte Interviews sollen also jene Daten liefern, die weithin exklusiv im Besitz des Experten vermutet werden können. Dies wirft die Frage auf, in welcher Weise dieses Expertenwissen klassifiziert werden kann und für welches Erkenntnisinteresse welche Arten von Wissen eine Rolle spielen.

Kriterien zur Identifikation von relevanten Experten

- **Position und Status**: als Experte kann gelten, wer im weitesten Sinne verantwortlich ist im Prozess der politischen Problemlösung.
- **Funktionswissen**: als Experte kann ferner gelten, wer – aus welchen Gründen auch immer – über relevantes Wissen über den Prozess der politischen Problemlösung verfügt.

2.4 Die Bedeutung unterschiedlicher Arten von Wissen

Die zweite wesentliche methodologische Reflektion bezieht sich deshalb auf diese Arten unterschiedlichen Wissens, das mittels der Befragung von Experten für die eigene wissenschaftliche Untersuchung erschlossen werden kann.

Die vorangegangenen Ausführungen haben bereits erkennen lassen, dass dieses Wissen im Wesentlichen differenziert werden kann als jenes Wissen, das Experten über den Prozess der Aushandlung und Entscheidung über kollektiv verbindliche Regelungen besitzen und jenes Wissen, das Aufschluss darüber gibt, unter welchen Rahmenbedingungen, Zwängen oder Interessenstrukturen solche Regelungen entstanden sind. Diese Differenzierung findet sich in ähnlicher Weise in der Literatur als Unterscheidung entweder zwischen „Betriebswissen" und „Kontextwissen" (Meuser und Nagel 2009) oder zwischen „technischem Wissen", „Prozesswissen" und „Deutungswissen" (Bogner und Menz 2005) wieder. Wenngleich diese Differenzierungen unterschiedliche Betrachtungsweisen auf Expertenwissen haben, zielen sie doch letztlich beide auf eine Art der Gewichtung der Wissensbestände, die im Experteninterview erhoben werden können.

Zweifellos ist der Grad der Exklusivität des Expertenwissens beim **Betriebswissen**, bzw. dem technischen Wissen und dem Prozesswissen am höchsten. Für die Erhebung von Daten aus diesem Bereich wird schwerlich ein gleichwertiger analytischer Zugang jenseits von Experteninterviews zu finden sein. Denn hier war der Experte in der Regel unmittelbar beteiligt an der Problemanalyse sowie der Entwicklung und Implementierung einer Problemlösungsstrategie. Er kann Auskunft darüber geben, unter welchen Umständen dieses Problem auf die politische Agenda gekommen ist, welche Lösungsansätze gewählt oder verworfen wurden und wie durch die beteiligten Akteure insbesondere auch die jeweiligen institutionellen Restriktionen verschiedener Lösungsalternativen bewertet worden sind.

Anders verhält es sich beim **Kontextwissen**, welches grundsätzlich, zumindest teilweise, auch mithilfe anderer methodischer Zugänge ermittelt werden kann. So besitzen Experten das Wissen über ökonomische Bedingungen, die zur Entwicklung einer neuen wirtschaftspolitischen Strategie führen, schwerlich exklusiv. Solche Maßnahmen werden vielmehr unter dem Druck öffentlich diskutierter Probleme einer steigenden Arbeitslosigkeit, eines geringen Wirtschaftswachstums oder von Finanzierungsengpässen im Sozialversicherungssystem entwickelt. Die Betonung solcher Problemlagen ist ja gerade ein wichtiger Bestandteil der Auseinandersetzung im politischen Wettbewerb zwischen Regierung und Opposition. Dies bedeutet allerdings keineswegs, dass es nicht durchaus gewinnbringend sein kann, Experteninterviews gerade mit der Zielsetzung der Erhebung von Kontextwissen zu führen. Der Vorzug gegenüber einer Dokumentenanalyse besteht dabei nicht nur darin, dass der Experte sicherlich auch in diesem Bereich über Informationen verfügt, die sich nicht ohne weiteres aus anderen öffentlich zugänglichen Quellen ermitteln lassen. Wesentlicher ist, dass in der konkreten Interviewsituation ja die hier präsentierte Differenzierung von Wissensarten insofern überwunden wird, als der Experte seine Antworten nicht nach diesen Kategorien strukturieren wird. Insofern können sich gerade auch aus der Verbindung dieser Wissenstypen interessante Hinweise für die eigene Analyse ergeben. Wichtig ist an dieser Stelle nur, dass dem Forscher bewusst ist, dass es bei der Erhebung von Kontextwissen durch Experteninterviews immer auch eine Begründungspflicht gibt, ob und warum diese Informationen nicht aus anderen Quellen gewonnen werden konnten.

Der Begriff des **Deutungswissens** zielt schließlich auf eine spezifische Wissensform, die sich von den beiden erstgenannten dadurch unterscheidet, dass beim Deutungswissen subjektive Sichtweisen und Interpretationen des Experten in die Einordnung von Betriebs- und Kontextwissen einfließen. Diese Art von Wissen kann insbesondere für Untersuchungen von Bedeutung sein, in denen es darum geht, Handlungsorientierungen und Entscheidungsmotivationen von Akteuren zu rekonstruieren, die sich nicht unmittelbar aus deren Interessen und Präferenzen oder den jeweiligen institutionellen Bedingungen ableiten lassen. Solches Deutungswissen besitzt der befragte Experte aufgrund der subjektiven Sichtweise naturgemäß exklusiv. Allerdings stellt sich an dieser Stelle das Problem der Plausibilität dieser subjektiven Deutung, wodurch die zuvor konstatierte Irrelevanz soziodemographischer Daten nicht mehr aufrechtzuerhalten ist. Um Deutungswissen einordnen zu können, spielt es natürlich eine Rolle, in welcher Weise Experten sozialisiert worden sind, welche parteipolitischen Präferenzen sie besitzen, ob sie religiös gebunden sind oder welcher sozialen Schicht sie entstammen.

Dimensionen von Wissen im Experteninterview

- **Betriebswissen**: Kenntnisse des Experten über Prozesse und Routinen in der Entscheidung über verbindliche Regeln zur Lösung gesellschaftlicher Konflikte.
- **Kontextwissen**: Kenntnisse des Experten über die Rahmenbedingungen, Zwänge und Interessenstrukturen bei der Lösung gesellschaftlicher Konflikte.
- **Deutungswissen**: Subjektive Relevanzen, Sichtweisen und Interpretationen des Experten zu Verfahren zur Lösung gesellschaftlicher Konflikte.

Für unsere Überlegungen ist diese Differenzierung insofern wichtig, als sie das Augenmerk auf die Problematik der Stringenz des Forschungsdesigns im Sinne einer systematischen Verbindung zwischen Forschungsproblem, theoretischer Einbettung und methodischer Vorgehensweise legt. Sofern beispielsweise die theoretische Annahme besteht, dass es tatsächlich prozessuale Faktoren sind, die über die Realisierung einer politischen Problemlösungsstrategie entschieden haben, werden Experteninterviews vornehmlich auf die Erhebung von Betriebswissen abzielen. In diesen Fällen wäre kaum zu begründen, dass sich eine wissenschaftliche Analyse nicht der Befragung von Experten bedient. Wenn hingegen der Erfolg oder das Scheitern eines politischen Programms vornehmlich den institutionellen oder sozio-ökonomischen Rahmenbedingungen geschuldet zu sein scheint und folglich in Experteninterviews vornehmlich Kontextwissen abgefragt würde, so wären Experteninterviews letztlich nur zu begründen, wenn sie als Teil einer methodenpluralistischen Vorgehensweise tatsächlich zur Verdichtung und Ergänzung anderweitig verfügbarer Daten führen würden. Hinsichtlich des Deutungswissens stellt sich nun aber die Problematik, dass diese Art von Wissen in der konkreten Interviewsituation zumeist nicht unmittelbar also solche erkennbar werden muss. Es fließt in der Regel viel mehr ein in die Darstellung des Experten über prozessuale oder institutionelle Faktoren. So wird ein Interviewpartner nicht jede Antwort mit der Bemerkung einleiten: „Wenn Sie mich fragen, stellt sich der Umstand... dar". Deutungswissen kann also vielfach erst in der späteren Analyse der durch Interviews erhobenen Daten durch den Forscher als solches identifiziert und interpretiert werden.

Ferner lassen sich diese drei Arten von Wissen auch nach ihrem jeweiligen Status hinsichtlich der Dimensionen implizites (bzw. tazites Wissen) und explizites Wissen (bzw. kodifiziertes Wissen) unterscheiden. Gemeint ist damit, dass implizites Wissen quasi als „geistiges Eigentum" des Experten betrachtet werden kann, weil es nur ihm in seinen Handlungen und Bewertungen zur Verfügung steht, aber bisher nicht kodifiziert, also etwa nicht verschriftet worden ist. Explizites Wissen existiert hingegen in kodifizierter Form etwa als organisatorische Routine, als Strategiepapier oder als Lageeinschätzung. Wenn wir unsere drei Wissenskategorien auf diese Differenzierung projizieren, dann wird deutlich, dass Kontextwissen noch am ehesten als explizites Wissen charakterisiert werden kann, während schon beim Betriebs- und vor allem natürlich beim Deutungswissen der Anteil impliziten Wissens deutlich steigt.

Dies hat Konsequenzen für die Planung und Durchführung von Experteninterviews. So wird man davon ausgehen müssen, dass Kontextwissen durch den Experten leichter darstellbar ist, weil er hier auf explizite Wissensbestände verweisen kann, die innerhalb seiner Organisation kodifiziert worden sind. Zielt das Experteninterview aber gerade nicht auf dieses explizite Kontextwissen, sondern ist es stärker an den impliziten Wissensbeständen des Befragten interessiert, muss dies in der Entwicklung des Leitfadens berücksichtigt werden. Denn es ist nicht davon auszugehen, dass in jeder konkreten Interviewsituation der Experte von sich aus „aus dem Nähkästchen" plaudert, sondern sich stattdessen darauf beschränkt, die „Linie des Hauses" wortreich zu replizieren.

Grundsätzlich sollte der Forscher ohnehin keine übergroßen Erwartungen an die Gewinnung impliziten Wissens durch Experteninterviews haben. Schon Michael Polanyi (1958), dem wir das Konzept von „tacit knowledge" verdanken, hat darauf hingewiesen, dass dem Austausch von Wissen auch in der persönlichen Interaktion Grenzen gesetzt sind. Polanyi ging davon aus, dass gewisse Informationen von einem Gesprächspartner überhaupt nur mitgeteilt werden können, wenn er davon ausgeht, dass diese Mitteilung beim Empfänger auch tatsächlich verstanden wird. Dieses gemeinsame Grundverständnis existiert aber nur in spezifischen gesellschaftlichen Gruppen, die ähnliche Werte und Überzeugungen teilen und insofern „dieselbe Sprache" sprechen. Auch jenseits dieser abstrakten konzeptionellen Ebene müssen wir folglich zumindest davon ausgehen, dass es stark von der konkreten Interviewsituation abhängt inwieweit sich ein Experte gegenüber dem Forscher öffnet.

2.5 Ethische Aspekte der Expertenbefragung

Die Befragung von Experten schafft eine für die Experten mehr oder minder ungewohnte Situation, der sie sich aus Interesse an der Forschung, im Bewusstsein der Bedeutung ihres jeweiligen Arbeitsgebietes oder aus sonstigen Gründen stellen. Grundsätzlich liegt ein solches Interview aber primär im Interesse des Forschers, so dass ihm die Verantwortung obliegt, die Einhaltung ethischer Regeln gegenüber dem Interviewpartner sicherzustellen. Solche ethische Regeln für die Forschung sind heute keineswegs als Normen zu verstehen, über die man sich ohne weiteres hinwegsetzen könnte. Abgesehen davon, dass ein solches Verhalten nicht zu begründen wäre, sind solche ethischen Mindeststandards mittlerweile verpflichtend von einigen Forschungsförderorganisationen festgelegt worden (beispielsweise durch die Europäische Union: European Commission 2013), während grundlegende Bestimmungen, vor allem hinsichtlich des Datenschutzes, gesetzlich geregelt sind. Nun könnte die Notwendigkeit zu ethischem Verhalten in der Forschung in einigen Bereichen der Wissenschaft dringlicher erscheinen, als in der Politikwissenschaft. Dort wo beispielsweise unmittelbar „am Menschen“ oder mit menschlichem Erbgut geforscht wird, dürfte dies unmittelbar einsichtig sein. Aber dennoch gibt es auch in solchen Disziplinen, die weniger am, aber doch über den Menschen und seine sozialen Interaktionen forschen, zumindest einige Regeln, die beachtet werden müssen. Im Wesentlichen lassen sich hier vier Bereiche hervorheben: der Schutz von Persönlichkeitsrechten, bzw. personenbezogener Daten, die „informierte Zustimmung“, die Wahrung von Vertraulichkeit sowie die Integrität und Professionalität des Forschers.

Personenbezogene Daten sind all jene Daten, die über die persönlichen und sachlichen Verhältnisse einer bestimmbaren Person Auskunft geben. Der Schutz dieser Daten ist in Deutschland bundesgesetzlich geregelt und betrifft die Forschung in grundsätzlich gleicher Weise wie andere Bereiche. Solche personenbezogenen Daten können in Interviews, vor allem wenn diese mitgeschnitten werden, durchaus auch unbeabsichtigt (weil durch die Fragen nicht intendiert) erhoben werden und fallen insofern dann automatisch auch bei der vollständigen Transkription dieser Interviews an. Grundsätzlich gilt nun, dass personenbezogene Daten auch in der Forschung nicht erhoben oder verarbeitet werden dürfen, wenn dies nicht unmittelbar für den Forschungszweck notwendig ist. Da wir im Falle von Experteninterviews davon ausgehen können, dass personenbezogene Daten nur in Ausnahmefällen relevant sind, können entsprechende Interviewpassagen in der Regel gelöscht werden, wenn dadurch der Sinngehalt der Transkription nicht verloren geht. Sollten die Daten ausnahmsweise für den Forschungszweck relevant sein, so ist eine Anonymisierung der Daten in einer Weise unausweichlich, die sicherstellt, dass ein Rückbezug auf den konkreten Gesprächspartner nicht mehr möglich ist. Zudem gilt ganz allgemein, dass personenbezogene Daten nicht länger aufbewahrt werden dürfen, als dies unbedingt für den Forschungszweck notwendig ist.

Unter **informierter Zustimmung** verstehen wir, dass der Forscher die Verpflichtung hat, seinen Gesprächspartner über den Zweck und Inhalt der Untersuchung vollständig zu informieren, seine explizite Zustimmung zur Verwendung der im Interview generierten Daten einzuholen und ihn darauf hinzuweisen, dass er seine Zustimmung zur Teilnahme an dem Forschungsprojekt auch nachträglich noch jederzeit zurückziehen kann. Zudem empfiehlt es sich, den Gesprächspartner auch darüber zu informieren, in welcher Form und in welchem Zeitraum die Forschungsergebnisse publiziert werden sollen. In der Regel hat es sich zudem durchaus als „angemessen" erwiesen, den Gesprächspartnern ein Exemplar des veröffentlichten Werkes zukommen zu lassen oder doch zumindest auf die Veröffentlichung aufmerksam zu machen.

Die **Wahrung von Vertraulichkeit** dürfte eine Anforderung sein, die grundsätzlich keiner weiteren Erläuterung bedarf. Allerdings kann die Einhaltung dieser Verpflichtung in der Praxis insofern problematisch sein, als in der Regel nicht das vollständige Interview der Vertraulichkeit unterliegt, sondern zumeist nur einige Passagen, die der Befragte kundtun „wenn Sie es vertraulich behandeln". Sofern das vollständige Interview mitgeschnitten wird, ist die spätere Identifikation vertraulich gegebener Informationen leicht möglich. Etwas anders verhält es sich allerdings, wenn der Interviewer von vornherein auf eine Aufnahme verzichtet hat, weil zu erwarten stand, dass in diesem Interview sensible Daten erhoben werden könnten. In diesem Fall muss der

Interviewer schon während des Gesprächs die relevanten Passagen protokollieren, um der Gefahr zu entgehen, in der späteren Phase der Datenauswertung diese Zusicherung der Vertraulichkeit zu verletzen.

Die Begriffe der **Integrität und Objektivität** beziehen sich hingegen nicht primär auf das Verhalten des Forschers gegenüber dem Interviewpartner, sondern auf die Einhaltung ethischer Grundsätze, die innerhalb des Forschungssystems allgemein gelten. Solche Standards werden häufig von den Standesvertretungen der unterschiedlichen wissenschaftlichen Disziplinen festgelegt. In unserem Fall kann folglich auf den Ethtikkodex der Deutschen Vereinigung für Politische Wissenschaft (DVPW) verwiesen werden. Hier wird in Bezug auf das wissenschaftliche Arbeiten insbesondere festgelegt, dass sich der Forscher verpflichtet, seine Ergebnisse ohne verfälschende Auslassungen und unter Nennung der Einzelheiten zu Theorien, Methoden und Forschungsdesign sowie der Einschätzung der Grenzen der Gültigkeit der Forschungsergebnisse zu präsentieren.

Ethische Aspekte der Expertenbefragung

- Der **Schutz personenbezogener Daten**: grundsätzlich gilt, dass personenbezogene Daten in der Forschung nicht erhoben und verarbeitet werden dürfen, wenn dies nicht unmittelbar für den Forschungszweck notwendig ist.
- Die **informierte Zustimmung**: sie verlangt, dass der Interviewpartner über Zweck und Inhalt der Forschung informiert wird, seine explizite Zustimmung zu seiner Teilnahme gibt und diese auch später noch widerrufen kann.
- Die **Wahrung der Vertraulichkeit**: betrifft in der Regel nur Teile des Interviews und erfordert, dass der Forscher Vorkehrungen trifft, die sicherstellen, dass er auch zu einem späteren Zeitpunkt die betroffenen Passagen noch identifizieren kann.
- Die Grundsätze der **Integrität und Objektivität** als ethische Leitlinien politikwissenschaftlicher Forschung, festgelegt durch den Ethikkodex der Deutschen Vereinigung für Politische Wissenschaft (DVPW).

3
Die Planung und Durchführung qualitativer Experteninterviews

Mit der Planung und Durchführung von Experteninterviews ist die Phase des Forschungsprozesses erreicht, die sich mit der eigenständigen Erhebung von Daten befasst. Diese Phase beinhaltet fünf Arbeitsschritte. Sie beginnt mit der Entwicklung des Interviewleitfadens und wird durch die Protokollierung der jeweiligen Befragung abgeschlossen. Wie zuvor beschrieben, können einzelne dieser Schritte parallel bearbeitet werden, um dadurch die gesamte Bearbeitungszeit dieser Datenerhebung zu optimieren. Aus Erfahrung wird man aber davon ausgehen können, dass die Planung von Interviews mindestens drei bis sechs Monate vor der eigentlichen Befragung aufgenommen werden sollte. Wie wir im Anschluss sehen werden, ist eine solche doch relativ lange Vorbereitungszeit einerseits dadurch begründet, dass die Durchführung von Experteninterviews bereits eine gute Kenntnis des Untersuchungsfeldes voraussetzt. Andererseits bestehen für den Feldzugang recht anspruchsvolle Hürden, die zunächst zu überwinden sind, wenn sichergestellt werden soll, dass die Expertenbefragung tatsächlich theoriegeleitetet und methodologisch reflektiert stattfindet.

3.1 Der Interviewleitfaden: die „Übersetzung" der Forschungsfrage(n) in Interviewfragen

Der erste Schritt zur Durchführung von Experteninterviews ist die Erstellung des Interview-Leitfadens. Er ist das Instrument der Datenerhebung, aber sogleich auch das Ergebnis einer Übersetzung unseres Forschungsproblems und unserer theoretischen Annahmen in konkrete Interviewfragen, die im Hinblick auf die Erfahrungswelt der Experten nachvollziehbar und beantwortbar sind. Damit setzt die Entwicklung eines solchen Leitfadens voraus, dass die Grundsatzentscheidungen über das Forschungsdesign der Untersuchung, und hier insbesondere über den Stellenwert der Experteninterviews für die empirische Untersuchung, bereits gefallen sind. Vor diesem Hintergrund erfüllt der Interviewleitfaden drei zentrale Funktionen.

Erstens soll er die konkrete Gesprächssituation in der bevorstehenden Befragung strukturieren, indem er die Anzahl und die Reihenfolge der Fragen definiert. Grundsätzlich kann man davon ausgehen, dass ein Interview-Leitfaden nicht zu ausführlich sein und entsprechend keine zu große Zahl von Fragen aufweisen sollte. Wie viele Fragen für ein Experteninterview geeignet sind, hängt naturgemäß stark vom jeweiligen Forschungsgegenstand ab. Insofern kann man hierfür keine Richtwerte nennen. Es ist aber möglich, sich der Problematik der angemessenen Länge eines Interviewleitfadens über die Einschätzung der voraussichtlichen Dauer der Befragung zu nähern. Auch wenn es für einen solchen Zeitrahmen keine objektiven Standards gibt, so lehrt die Erfahrung doch, dass Interviews mit einer Dauer von 90 bis 120 min häufig die besten Ergebnisse erzielen, weil sie tatsächlich eine gewisse Durchdringung des Forschungsproblems erlauben. Häufig wird ein Experte bei der Terminvereinbarung den

Hinweis geben, er habe aber nur für eine knappe Stunde Zeit. Hiervon sollte man sich nicht übermäßig beeindrucken lassen. In der Regel dauern gute Experteninterviews stets länger als der ursprünglich vereinbarte Zeitrahmen. Insofern sollte man sich bei der Gestaltung des Leitfadens darauf einstellen, ausreichend „Material" für ein Interview dieser Länge vorzuhalten.

Für die Strukturierung des Experteninterviews ist darüber hinaus der thematische Aufbau des Leitfadens wichtig. Hierbei könnte man grundsätzlich unterschiedlichen Ordnungskriterien den Vorzug geben. So könnte man etwa die Fragen nach ihrer Wichtigkeit für das Forschungsvorhaben reihen oder gar im Sinne der eigenen Forschungslogik, in dem man unterschiedliche aus der Theorie identifizierte Erklärungsfaktoren nach einander abfragt. Beides empfiehlt sich jedoch nicht. Stattdessen sollte der Ablauf der Fragen und Themenkomplexe einer für den Experten nachvollziehbaren Argumentationslogik folgen. Insofern ist es sicher sinnvoll, von allgemeineren auf spezielle Aspekte zu schließen und damit auch dem Experten die Möglichkeit zu geben, sich in das Gespräch einzufinden. Ferner muss im Vorfeld, gerade bei Untersuchungen, in denen unterschiedliche Typen von Akteuren befragt werden, überlegt werden, ob ein einziger Leitfaden genutzt werden soll, der dann nicht in seiner Gesamtheit für alle Akteure relevant ist. Die Alternative bestünde darin, akteursspezifische Leitfäden zu konzipiert, die in der konkreten Interviewsituation einfacher (weil überschaubarer) zu handhaben sind. Diese würden dann darüber hinaus auch solche zusätzlichen Fragen beinhalten, die allen Akteurstypen gestellt werden sollen.

Entsprechend des Grundsatzes der Offenheit sollte zudem bedacht werden, dass eine Abweichung vom Leitfaden in der konkreten Interviewsituation, etwa durch Nachfragen, die zuvor nicht vorgesehen waren, ausdrücklich möglich sein muss. Insofern ist es zwar ein nachvollziehbares und richtiges Ziel des Forschers, seine Fragen „durchbringen" zu wollen, dies darf aber nicht dazu führen, dass dem Experten von vornherein die Möglichkeit genommen wird, seine subjektiven Deutungen und Relevanzen zum Ausdruck zu bringen.

Zweitens muss dieser Interviewleitfaden wichtige Hinweise für die Gesprächssituation enthalten, die vor allem für den Experten im Hinblick auf den Hintergrund und die Rahmenbedingungen der Befragung wichtig sein könnten und insofern nicht vergessen oder übersehen werden sollten. Diese Aspekte sollte man im Interview in jedem Falle ansprechen, selbst wenn entsprechende Informationen bereits bei der Kontaktaufnahme übermittelt wurden. Dazu zählen insbesondere Hinweise an den Gesprächspartner über das Ziel der Untersuchung und die Bedeutung der konkreten Befragung für das Forschungsvorhaben („informed consent") sowie Hinweise zu etwaigen Vorkehrungen zur Anonymisierung und des Schutzes personenbezogener Daten.

Und drittens ist der Leitfaden das Dokument, mit dem der Interviewer seinen Status als „Co-Experte" gegenüber dem Befragten belegt. Die Formulierung einzelner Fragen, die Einleitung zu unterschiedlichen Fragenkomplexen oder auch nur die Beschreibung des eigenen Forschungsvorhabens zeigen dem Befragten, in wie weit sich der Forscher bereits in die Thematik eingearbeitet hat. Sollte der Befragte den Eindruck bekommen, der Interviewer wisse nicht worüber er redet (bzw. fragt), wird das Experteninterview schwerlich die gewünschten Ziele erreichen. Deshalb kann der Leitfaden, neben den Fragen selbst, durchaus erklärende und strukturierende Hinweise enthalten. Dies kann vor allem in solchen Fällen hilfreich sein, in denen ein Gesprächspartner im Vorfeld des Termins um die Übersendung des Fragenkatalogs bittet. Damit verbunden ist natürlich die Frage, welches Niveau eigener Kenntnisse über den Gegenstand der Befragung der Experte beim Forscher voraussetzen kann. Diesbezüglich muss zwischen dem explorativen und dem leitfaden-gestützten Interview nochmals klar unterschieden werden. Während beim erstgenannten Typus die Befragung ja explizit der Ersterschließung einer wissenschaftlich relevanten Fragestellung dient, wird der Experte kaum voraussetzen, dass der Forscher bereits Kenntnisse mitbringt, die über jene hinausgehen, die sich der Forscher aus ähnlich gelagerten – bereits von der Forschung bearbeiteten – Problemen erschließen konnte. Beim leitfaden-gestützten Interview stellt sich die Situation gänzlich anders dar. Hier muss man erwarten, dass der Forscher zumindest den aktuellen Forschungsstand überblickt und zudem über Basiswissen zur praktischen Relevanz des Forschungsproblems verfügt, das durch die Analyse von Dokumenten oder die Auswertung von Statistiken im Vorfeld der Befragung gewonnen werden kann.

Wodurch unterscheiden sich aber nun Forschungsfragen von Interviewfragen und welche Arbeitsschritte müssen aufgrund dieser Unterscheidung im Prozess der Entwicklung des Interviewleitfadens durchlaufen werden?

Forschungsfragen sind in der Politikwissenschaft häufig abstrakt formuliert, weil ihre wissenschaftliche Relevanz begründet werden muss und sie häufig bereits theoretische Vorüberlegungen verarbeiten. Aus diesem Grund sind Forschungsfragen auch nicht als Interviewfragen geeignet, weil sie nicht der Erfahrungswirklichkeit potentieller Interviewpartner entsprechen. Insofern ist die „Übersetzung" von Forschungsfragen in Interviewfragen der erste wesentliche Arbeitsschritt in der Entwicklung des Leitfadens. Diese „Übersetzung" lässt sich mit dem Begriff der „Operationalisierung" beschreiben. Konkret geht es darum, den eigenen Untersuchungsgegenstand so in den „kulturellen Kontext" (Gläser und Laudel 2006, S. 110) des Befragten zu übertragen, dass er in der Lage ist, die Informationen zu liefern, die zur Beantwortung unserer Forschungsfrage(n) notwendig sind. Diese Operationalisierung verläuft im Wesentlichen in zwei konkreten Schritten. Erstens müssen wir einen Weg finden, unser Forschungsproblem so zu konkretisieren, dass sich daraus für das Interview geeignete Fragen entwickeln lassen. Und zweitens ist dann zu überlegen, mit welcher Art von Fragen wir am besten die gewünschten Informationen erhalten werden. Diese beiden

Schritte könnte man als konzeptionelle und instrumentelle Operationalisierung bezeichnen.

Wenden wir uns zunächst der konzeptionellen Operationalisierung zu. Das Ziel dieses Arbeitsschrittes besteht darin, das durch unsere Untersuchungsfrage definierte Forschungsproblem beobachtbar zu machen. Dabei muss sichergestellt sein, dass die in Interviews gewonnenen Daten später wieder systematisch auf die Forschungsfrage, und ggf. auf bereits formulierte Hypothesen, bezogen werden können. Insofern stellt diese Operationalisierung die vermutlich anspruchsvollste Aufgabe der qualitativen Befragung dar, weil über sie der spätere tatsächliche Nutzen der Experteninterviews entschieden wird. Es kommt folglich im Kern darauf an, unsere Interviewfragen systematisch aus dem Forschungsproblem abzuleiten. Dass dies nicht unmittelbar in einem Schritt erfolgen kann, wird schon aufgrund der Tatsache erkennbar, dass wir ja im Experteninterview sehr viel mehr Fragen stellen werden, als wir Forschungsfragen formuliert haben. Insofern bedarf es zur Beobachtung des interessierenden Phänomens zweier Zwischenschritte, mit denen geklärt wird, was wir überhaupt beobachten wollen und auf welche Weise wir dies tun werden.

Zunächst müssen wir insofern, jene Dimensionen identifizieren, die das mit unserer Forschungsfrage adressierte Phänomen überhaupt erst beobachtbar machen. Zu klären ist, welche Faktoren wirken auf die Gestalt oder die Veränderung dieses Phänomens ein. Diese Dimensionen lassen sich in der Regel aus dem gewählten Theoriebezug und/oder aus der relevanten Sekundärliteratur ermitteln. Insofern haben wir zu diesem Zeitpunkt der Operationalisierung zwar bereits sichergestellt, dass unsere abgeleiteten Analysedimensionen theoretische Relevanz besitzen, noch nicht erreicht wurde bisher die Festlegung, wie wir tatsächlich beobachten wollen. Hierfür ist nun der nächste Schritt der Übersetzung der Analysedimensionen in Fragenkomplexe notwendig. Damit sind diese Fragenkomplexe letztlich nichts an-

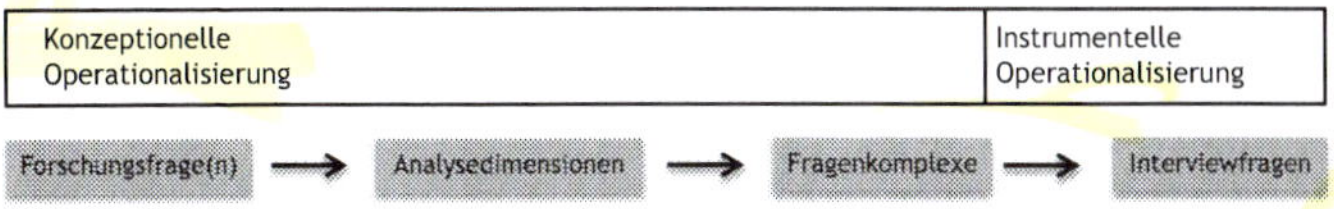

Abb. 3.1 Konzeptionelle und instrumentelle Operationalisierung. (Quelle: Eigene Darstellung)

deres als Anweisungen, wie die Ausprägung unserer jeweiligen Dimensionen empirisch überprüft wird. Diese Fragenkomplexe, die in dieser Weise als strukturierende Hinweise bereits Eingang in den Leitfaden finden können, müssen wir dann in einem letzten Schritt zu tatsächlichen Interviewfragen fortentwickeln, die aus Sicht des Experten nachvollziehbar und beantwortbar sind (Abb. 3.1).

Diese etwas abstrakte Beschreibung kann unter Zuhilfenahme unserer Anwendungsbeispiele verdeutlicht werden. In der Studie über die institutionellen Rahmenbedingungen der Etablierung moderner Biotechnologieindustrien wurde, wie eingangs dargestellt, ein systemischer Innovationsansatz gewählt, weil aufgrund der unterschiedlichen Entwicklungspfade und Performanzdaten der Biotechnologiesektoren in Deutschland, der Schweiz und den USA der „Varieties of Capitalism"-Ansatz als defizitär eingeschätzt wurde. Unsere Forschungsfrage lautete: Welche institutionellen Bedingungen und welche politischen Maßnahmen unter den gegebenen institutionellen Bedingungen können die spezifischen Leistungen in der Kommerzialisierung der Biotechnologie in den drei Staaten erklären?

Der systemische Innovationsansatz bietet nun eine Reihe von Erklärungsansätzen für Innovationsverhalten in modernen Industrienationen an. So geht er davon aus, dass Innovationen nicht allein als Ergebnis unternehmerischer Aktivitäten hervorgebracht werden, sondern durch wechselseitige Interaktionen dieser Unternehmen mit ihrem institutionellen Umfeld. Als zentrale Elemente dieses institutionellen Umfelds definiert der sys-

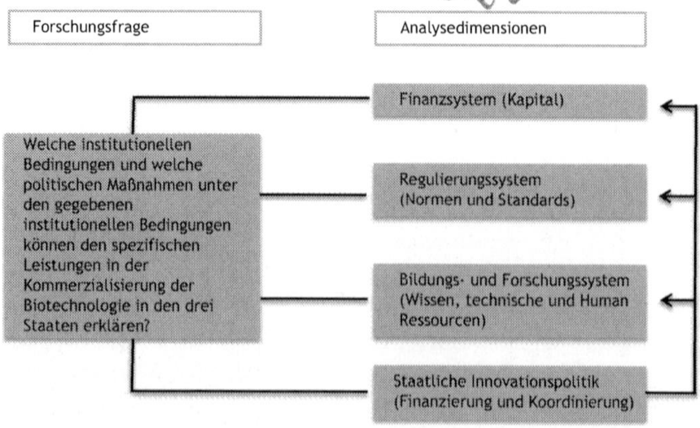

Abb. 3.2 Von der Forschungsfrage zu den Analysedimensionen. (Quelle: Eigene Darstellung)

temische Innovationsansatz das Finanz-, das Regulierungs- sowie das Bildungs- und Forschungssystem. Da dieses institutionelle Umfeld zwischen Nationalstaaten teilweise beträchtlich variiert, können auf dieser Basis die unterschiedliche Profilbildung und die Leistungsfähigkeit nationaler Innovationssysteme systematisch analysiert werden. Insbesondere hebt der Ansatz neben den genannten Subsystemen und ihrer spezifischen Funktionen für die Generierung von Innovationen hervor, dass der staatlichen Innovationspolitik eine Sonderrolle zukommt, weil sie nicht nur unmittelbar auf die Innovationsakteure einwirken kann (etwa durch öffentliches Auftragswesen oder öffentliche Forschungsförderung), sondern auch durch die Beeinflussung der Subsysteme des Innovationssystems die institutionelle Rahmenbedingungen für Innovationsakteure mitbestimmt. Wir können folglich auf der Basis konzeptioneller Überlegungen festhalten, dass sich unser Forschungsproblem auf der Basis der Beobachtung der Ausgestaltung institutioneller Subsysteme eines Innovationssystems beobachten lässt (Abb. 3.2).

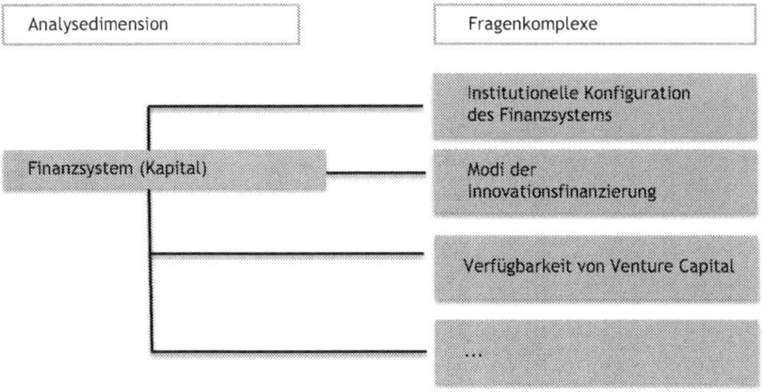

Abb. 3.3 Von den Analysedimensionen zu Fragenkomplexen. (Quelle: Eigene Darstellung)

In einem zweiten Schritt entwickeln wir nun aus diesen Analysedimensionen unsere Fragenkomplexe. Dies bedeutet, dass wir festlegen, nach welchen Kriterien unsere Dimensionen beobachtet werden sollen. Auch für diesen Schritt nützt uns die Kenntnis der relevanten Forschungsliteratur. Im konkreten Fall hätten wir hieraus bereits die Information gewonnen, dass sich Finanzsysteme in kapitalistischen Staaten grundlegend in kreditbasierte und kapitalmarkt-basierte Systeme unterscheiden lassen und diese Differenzierung Auswirkungen auf den Prozess des industriellen Wandels hat (Zysman 1983). Zudem wissen wir aus der Literatur, dass für die Kommerzialisierung der modernen Biotechnologie die Verfügbarkeit von Wagniskapital eine wesentliche Bedingung für den Transfer von wissenschaftlichem Know-how zur industriellen Verwertung darstellt (Adleberger 1999). Da solche Forschungsergebnisse für unsere Analysedimensionen bereits vorliegen, können wir sie für die eigene Untersuchung fruchtbar machen. Insofern lassen sich auch Fragenkomplexe (im Sinne von Beobachtungsanweisungen) zumeist mit Bezug auf die relevante Literatur festlegen und, beispielsweise wie in Abb. 3.3 beschrieben bestimmen.

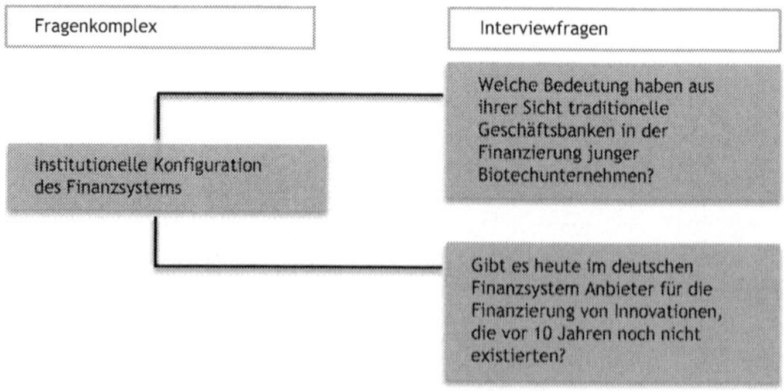

Abb. 3.4 Vom Fragenkomplex zur Interviewfrage. (Quelle: Eigene Darstellung)

Mit der Festlegung solcher Fragenkomplexe befinden wir uns nunmehr unmittelbar an dem Punkt, an dem wir unsere konzeptionellen Überlegungen in die Erfahrungswirklichkeit der zu befragenden Experten übersetzen müssen. Zwar müssten wir davon ausgehen, dass auch unsere Experten sicherlich den Begriff der „Institutionellen Konfiguration des Finanzsystems" grundsätzlich nachvollziehen könnten, würden wir ihn aber in dieser Weise benutzen, müsste zugleich sichergestellt sein, dass der Experte auch mit den gesamten konzeptionellen Rahmen unseres Forschungsdesigns vertraut wäre. Dies lässt sich aber in der Forschungspraxis nicht realisieren. Es wäre zudem aber auch nicht erstrebenswert, weil der Experte in der konkreten Interviewsituation ja die notwendigen Informationen auf der Basis seiner eigenen Wissensbestände und Relevanzstrukturen mitteilen soll. Deshalb formulieren wir die Interviewfragen in einer Weise, die es dem Experten erlaubt, die uns interessierenden Informationen mitzuteilen, während aus der Sicht des Forschers jederzeit erkennbar bleibt, was eine solche Information für die Beobachtung unseres Forschungsproblems bedeuten kann. Insofern ließe sich dieser Fragenkomplex im letzten Schritt wie in Abb. 3.4 operationalisieren.

Allerdings müssen wir davon ausgehen, dass es nicht bei jeder wissenschaftlichen Fragestellung ohne weiteres möglich ist, Analysedimensionen und Fragekomplexe unmittelbar aus der theoretischen und empirischen Literatur abzuleiten. Grundsätzlich wird man davon ausgehen müssen, dass die politikwissenschaftliche Forschungsliteratur sehr viel mehr darüber aussagt, wie für unsere Disziplin relevante Phänomene beschaffen sind als darüber, unter welchen Bedingungen sie sich verändern. Es steht folglich zu vermuten, dass wir sehr viel mehr über institutionelle Strukturen und Akteure wissen als darüber, wie Strukturen und Akteure im Prozess politischen Handelns und politischen Wandels interagieren. Aus der Perspektive der zuvor differenzierten Wissenstypen können wir also schlussfolgern, dass wir tendenziell eher einen Mangel an Betriebswissen haben, während unser Kontextwissen doch beträchtlich ist. Was bedeutet dies aber nun für eine wissenschaftliche Fragestellung, die ganz explizit vornehmlich auf dieses Betriebswissen abzielt und insofern den tatsächlichen Ablauf eines Politikprozesses rekonstruieren will?

In unserer Untersuchung über die Leistungsfähigkeit der deutsch-französischen Regierungskoordination stellte sich genau dieses Problem. Es ging weniger darum, den Kontext dieses Koordinationsprozesses aufzuarbeiten, sondern herauszufinden, welche Faktoren darüber entschieden haben, ob und warum dieser Koordinationsprozess in einem speziellen Problemfall erfolgreich war oder nicht. Dies hat natürlich Konsequenzen für das Forschungsdesign und insbesondere für die Operationalisierung unserer Forschungsfragen. Die zuvor dargestellten Analysedimensionen mussten in einer Weise in Fragenkomplexe überführt werden, die tatsächlich sicherstellt, dass das Prozesshafte an der Koordination abgefragt wurde und nicht, bzw. weniger die Rahmenbedingungen, unter denen die Koordination stattgefunden hat.

Dies lässt sich am Beispiel der nationalen Interessen und Präferenzen erläutern. Grundsätzlich muss man natürlich davon ausgehen, dass es zur Einschätzung der Koordinationsbedingungen wichtig ist zu wissen, in wie weit die Interessen und Präferenzen der deutschen und französischen Seite im konkreten Fall der Aushandlung des mehrjährigen Finanzrahmens der Europäischen Union divergierten. Und natürlich wurde dies im Rahmen der Experteninterviews auch abgefragt. Für die zentrale Fragestellung des Projekts war es aber sehr viel wichtiger offenzulegen, in welcher Weise homogene oder heterogene Interessenlagen überhaupt im Prozess der Koordination Bedeutung erlangt haben. Es musste also gefragt werden, welche potentiellen Interessengegensätze im nationalen Kontext existierten und wie sie vor allem die jeweiligen Regierungen Deutschlands und Frankreichs in der Koordination beeinträchtigt haben.

Wir können dies am Beispiel der konkreten Operationalisierung der Analysedimension „Nationale Präferenzen“ im Folgenden verdeutlichen. Wir hatten festgehalten, dass wir Fragenkomplexe zu Analysedimensionen definieren, um festzulegen, wie die Beobachtung einer als relevant erachteten Dimension konkret erfolgen soll. Erst auf dieser Basis sollten dann die Interviewfragen formuliert werden, deren Beantwortung sicherstellen sollte, dass wir als Ergebnis der Experteninterviews darlegen und bewerten können, in welcher Weise unterschiedliche nationale Interessen auf den Koordinationsprozess gewirkt haben. Dass es solche Differenzen in den nationalen Präferenzen gab, war von vornherein anzunehmen und auch ausreichend durch unterschiedlichste Quellen bezeugt. Abbildung 3.5 zeigt, wie diese Operationalisierung vorgenommen worden ist. Entsprechend war die tatsächliche Abfrage der Homogenität/Heterogenität nationaler Interessen nur eine von vier Anweisungen zur Beobachtung der Bedeutung nationaler Präferenzen. Die übrigen Fragenkomplexe zielten hingegen sehr viel stärker darauf ab, wie sich potentielle Interessenkonflikte auf den Koordinationsprozess tatsächlich ausgewirkt haben. So sollte nicht nur erhoben werden, wie politisch relevant etwaige Interessenkonflikte waren, sondern auch wie sie

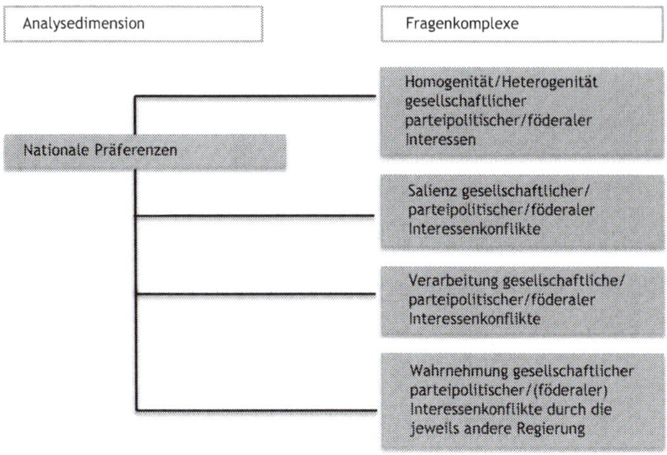

Abb. 3.5 Operationalisierung der Analysedimension „nationale Präferenzen". (Quelle: Eigene Darstellung)

innenpolitisch verarbeitet wurden und wie sie vor allen Dingen von der jeweils anderen Regierung wahrgenommen worden sind.

Mit der Ableitung von Interviewfragen aus den zuvor definierten Fragenkomplexen befinden wir uns nunmehr am Übergang von der konzeptionellen zur instrumentellen Operationalisierung. Hier geht es darum, den eigenen Forschungskontext nicht nur „alltagstauglich" zu machen, damit er von Praktikern nachvollzogen werden kann. Zusätzlich geht es darum, dass wir für die Ausformulierung des Leitfadens strategisch überlegen müssen, mit welcher genauen Formulierung einer Frage wir am besten das gewünschte Ziel erreichen können. Dazu helfen uns unterschiedliche Typen von Fragen, die mit verschiedene Zielsetzungen im Experteninterview eingesetzt werden können (vgl. Kvale 1996, S. 133 ff.; Stigler und Felbinger 2005).

So dienen **Einführungsfragen** dazu, dem Gesprächspartner durch die Möglichkeit eines längeren Statements einen leichten Einstieg in die Interviewsituation zu geben. Der größte Vorteil eines solchen Einstiegs besteht darin, dass dem Forscher einerseits bereits zu Beginn des Interviews deutlich wird, wie der Gesprächspartner die Themenstellung des Experteninterviews verstanden hat. Dadurch wird auch bereits zu diesem frühen Zeitpunkt ersichtlich, welche Notwendigkeit im weiteren Verlauf des Interviews an eine aktive Steuerung des Gesprächs bestehen. Lässt der Experte bereits durch sein Eingangsstatement erkennen, dass er für das Forschungsproblem relevante Aspekte anspricht, wird diese Steuerung des Interviews durch den Forscher in der Regel deutlich erleichtert. Denn dann ist es möglich, nachfolgende Fragen an Aussagen anzuknüpfen, die der Experte bereits getätigt hat. Andererseits befördert die Möglichkeit eines längeren Eingangsstatements grundsätzlich die Gesprächsatmosphäre. Wenn ein Experte einen Termin für ein Interview zusagt, können wir davon ausgehen, dass es dafür eine intrinsische Motivation gibt. Diese würde sicherlich nicht dadurch befördert, wenn wir unserem Gesprächspartner die Möglichkeit verwehren würden, sich umfassend zu äußern. Für eine solche intrinsische Motivation mag es vielfältige Gründe geben. Es könnte ein grundsätzliches Interesse an der Forschung sein, weil der Experte womöglich selbst einen akademischen Background in der Politikwissenschaft hat. Der Experte könnte ferner von seinem beruflichen Aufgabenfeld derart eingenommen und begeistert sein, das er gerne über die damit verbundenen beruflichen Herausforderungen und Leistungen spricht. Es mag auch sein, dass er sich schlichtweg durch die Zuschreibung als Experte im Rahmen eines Forschungsvorhabens geschmeichelt fühlt. Welcher Grund es am Ende auch immer sein mag, wichtig ist vor allem, dass eine solche intrinsische Motivation des Experten eine wichtige Voraussetzung für das Gelingen von Experteninterviews ist. Mit einem Frage-Antwort-Spiel im „Stakkato-Stil" würde man dieser Motivation sicherlich nicht gerecht, zumal das Interview dann eher den Charakter eines Verhörs, denn eines Fachgesprächs hätte.

Strukturierende Fragen leiten unterschiedliche Themenbereiche eines Experteninterviews ein. Sie dienen vor allem dem Befragten dazu, den Aufbau und Verlauf des Experteninterviews nachvollziehen zu können. Solche strukturierende Fragen sind auch geeignet, längere Exkurse des Befragten jenseits des eigentlichen Untersuchungsinteresses (freundlich) zu unterbrechen. Strukturierende Fragen sind aus Sicht des Forschers zudem ein wichtiges Element für die Steuerung der Interviewsituation. Sie können in den meisten Fällen sicherstellen, dass der Experte wieder „eingefangen" werden kann, wenn er sich zu intensiv an einer Thematik abarbeitet, die entweder nicht im Zentrum des Forschungsinteresse steht oder bereits ausreichend beantwortet worden ist. Zudem helfen sie dem Forscher in der konkreten Interviewsituation selbst, stets den Überblick über den (zeitlichen) Fortgang des Gesprächs zu bewahren. In diesem Zusammenhang kann es durchaus hilfreich sein, sich im Vorfeld der Befragung Gedanken zu machen, auf welchen Teil der Befragung man ungefähr wie viel Zeit verwenden möchte.

Direkte Fragen sollten für all jene Tatbestände verwendet werden, deren Erhebung für das eigene Forschungsvorhaben unabdingbar ist. Sie sollten kurz und knapp formuliert sein und dem Befragten möglichst dazu motivieren, auch tatsächlich die gewünschten Informationen zu geben. Für die Frage, zu welchem Zeitpunkt man vorzugsweise mit direkten Fragen operiert, gibt es keine allgemein gültige Antwort. Einerseits ist es wichtig, für alle Themenkomplexe des Interviews die gewünschten Informationen zu erhalten, weshalb es sinnvoll wäre, solche direkten Fragen jeweils zum Ende der Behandlung eines jeden Themenkomplexes zu stellen. Andererseits können direkte Fragen, besonders wenn sie nicht zur vorherigen Antwort des Experten passen, den Gesprächsverlauf empfindlich stören, so dass es in diesem Fall angeraten wäre, solche Fragen an das Ende des Interviews zu stellen. In der Praxis erweist sich aber häufig, dass der flexible Einsatz direkter Fragen am erfolgversprechendsten ist. So setzt man sie immer dann besonders adäquat ein, wenn der Experte dafür mit seinem vorangegangenen Statement eine Vorlage liefert. Das erfordert allerdings auf Seiten des Forschers, dass er den Überblick über alle Aspekte hat, die er mittels solcher Fragen behandeln wollte.

Indirekte Fragen hingegen erlauben es, dass der Befragte zu Einschätzungen oder Positionen anderer involvierter Akteure im Politikprozess Stellung bezieht. Die Beantwortung solcher Fragen hilft dem Interviewer, den Kontext seines Untersuchungsgegenstandes breiter auszuleuchten. Erfahrungsgemäß kann man solche indirekten Fragen ebenfalls gut als Nachfragen zu vorangegangenen Darstellungen des Experten positionieren. Denn in der Regel wird man davon ausgehen müssen, dass ein Experte nicht unbedingt Auskunft über Einstellungen, Interessen oder Verhaltensweisen Dritter geben möchte. Platziert man solche indirekten Fragen aber als Nachfragen, so erscheint dem Experten die Beantwortung der Frage unter Umständen notwendig, damit der Forscher die zuvor gegebenen Antworten richtig einordnen kann. Insofern sind es dann weniger Fragen über Motive und Handlungen Unbeteiligter, als vielmehr die Bitte um weitere Hinweise zum Verständnis der Aktivitäten oder Wahrnehmungen des Befragten selbst.

Spezifizierende Fragen sind immer dann sinnvoll, wenn der Befragte auf Sachverhalte aufmerksam macht, die einem selbst bisher unbekannt oder nur teilweise geläufig waren. Die Schwierigkeit solcher Fragen liegt darin, dass sie im Vorfeld naturgemäß nicht planbar sind. Der Interviewer muss also folglich spontan entscheiden, ob zu einem Sachverhalt, den der Experte zuvor dargestellt hat, eine Nachfrage, die darauf abzielt Informationen zu erhalten, die ursprünglich nicht absehbar waren, im Untersuchungsinteresse liegt oder nicht. Allerdings erlaubt es die konkrete Interviewsituation nicht immer, derart spontan zu reagieren. Deshalb hat es sich in der Praxis als hilfreich erwiesen, zum Ende eines jeden Interviews mit dem Experten zu vereinbaren, dass man sich ggf. noch einmal für Rückfragen telefonisch oder per E-Mail an ihn wenden kann. Der Vorteil einer solchen Lösung liegt darin, dass man die tatsächliche Relevanz spezifizierender Informationen noch einmal in Ruhe überdenken kann. Der große Nachteil dieser Vorgehensweise besteht aber auch darin, dass man nicht mehr von der besonderen Dynamik der Interviewsituation profitieren kann und der Experte die entsprechenden Informationen im Nachgang womöglich nicht mehr (oder zumindest nicht in gleicher Weise) geben wird.

Interpretierende Fragen geben schließlich Auskunft über die Wertvorstellungen und Deutungsmuster des Befragten und helfen in der späteren Analyse, die aus dem Interview gewonnenen Daten einzuordnen. Solche Fragen können zudem genutzt werden, um eine Einschätzung des Experten über eine zukünftige Entwicklung eines Phänomens zu erhalten. Entsprechende Informationen des Experten können gerade bei umfangreichen Forschungsvorhaben, die sich über mehrere Jahre erstrecken, hilfreich sein, weil die Untersuchung in diesen Fällen in der Regel erst zu einem deutlich späteren Zeitpunkt abgeschlossen sein wird. Interpretierende Fragen sollte man in der konkreten Interviewsituation auch dann noch spontan stellen, wenn der Experte dazu neigt, sehr sachlich und distanziert zu antworten und dadurch vermeidet, seine eigenen Relevanzstrukturen und Bewertungen zu offenbaren.

Tabelle 3.1 gibt jeweils Beispiele für den Einsatz dieser unterschiedlichen Fragetypen im Experteninterview. Hierzu greifen wir erneut auf unsere eingangs vorgestellte Untersuchung über die deutsch-französische Regierungskoordination in der Europapolitik zurück. Die Beispiele beziehen sich auf eine Befragung eines Ministerialbeamten in Deutschland, der persönlich in diese Koordination eingebunden war. Ziel der Befragung war es, zu ermitteln, welche Rolle diese bilaterale Koordination für die Verhandlungen der mitgliedstaatlichen Regierungen über den Mehrjährigen Finanzrahmen 2014–2020 der Europäischen Union hatte.

Tab. 3.1 Unterschiedliche Fragetypen im Experteninterview

	Forschungskontext „Deutsch-französische Koordination" (Kaiser und Brehon 2013)
Einführungsfragen	In der öffentlichen Diskussion wird aktuell häufig das Stottern des deutsch-französischen Motors in der Europäischen Union beklagt. Wie stellt sich die Situation aus Ihrer Innensicht tatsächlich dar?
Strukturierende Fragen	Ihren letzten Punkt würde ich gerne unter einem weiteren Aspekt beleuchten. Inwiefern beeinträchtigten die spezifischen Interessen der Bundesländer an einer Fortsetzung der europäischen Regionalförderung die Koordination mit der französischen Regierung?
Direkte Fragen	Können Sie einschätzen, wie sich der aktuelle Verhandlungsstand auf die Position Deutschlands als Nettozahler auswirkt?
Indirekte Fragen	Welche Erwartungen haben aus ihrer Sicht andere Mitgliedstaaten an eine deutsch-französische Führungsrolle in den Verhandlungen?
Spezifizierende Fragen	Sie haben mögliche Konsequenzen durch die anstehende Präsidentschaftswahl in Frankreich angesprochen. Wie wirkt sich diese bereits aktuell auf die bilaterale Koordination aus?
Interpretierende Fragen	Gehen Sie davon aus, dass der neue Finanzrahmen letztendlich den Reformerfordernissen in der Europäischen Union gerecht werden wird?

3.2 Der Pre-Test des Fragebogens

Ein Test des Erhebungsinstruments im Vorfeld der eigentlichen Befragung ist vor allem dann unabdingbar, wenn sich der Forscher in ein für ihn neues Themenfeld begibt. Das Ziel des Pre-Tests liegt vor allem darin, das eigene Erhebungsinstrument einem „Realitätscheck" zu unterziehen. In der Regel kommt es bei der Entwicklung des Leitfadens immer wieder vor, dass einzelne Fragen so formuliert wurden, dass der Gesprächspartner sie nicht versteht oder zumindest nicht erreicht wird, dass mit dieser Frage die intendierten Informationen generiert werden können. Dies kann u. a. daran liegen, dass die Formulierung der Frage noch zu abstrakt und zu sehr am Analysekonzept orientiert ist. Es ist aber auch durchaus möglich, dass für den Experten nicht ersichtlich ist, warum diese spezielle Frage überhaupt im Kontext der Themenstellung des Interviews gestellt wird. Daneben erlaubt es der Pre-Test aber auch, die Interviewsituation grundsätzlich einzustudieren und auf dieser Basis das Erhebungsinstrument zu optimieren. Insgesamt wird man von folgenden Funktionen des Pre-Tests ausgehen können:

Funktionen des Pre-Tests nach Schell et al. 2012: (Auswahl)

- Überprüfung des Verständnisses der Fragen durch den Befragten
- Überprüfung des Interesses und der Aufmerksamkeit des Befragten an den Fragen
- Überprüfung der Kontinuität des Interviewablaufs
- Überprüfung der Wirkung der Strukturierung des Erhebungsinstruments
- Überprüfung der Dauer der Befragung

Bei der Planung eines Pre-Tests stellt sich erfahrungsgemäß stets die Frage, mit welcher Person ein solcher Test durchgeführt werden sollte. Insgesamt spricht vieles dafür, für diesen Pre-Test einen Gesprächspartner zu wählen, der potentiell auch zum Kreise der befragten Experten gehört hätte. Nur unter diesen Bedingungen ist realistischer Weise davon auszugehen, dass der Pre-Test sinnvolle Ergebnisse produziert. Hierbei kann man einerseits einen Experten auswählen, von dem man annimmt, dass er für das konkrete Erkenntnisinteresse notfalls als Informationsquelle verzichtbar wäre, etwa weil bereits andere Experten gewonnen werden konnten, die aller Voraussicht nach über dieselben Informationen verfügen. Andererseits spricht aber grundsätzlich auch nichts dagegen, Informationen aus einem Pre-Test-Interview für die spätere Hauptuntersuchung zu verwenden, insbesondere dann, wenn diese Informationen zu Fragenkomplexen übermittelt wurden, die infolge des Pre-Tests nicht mehr verändert werden mussten.

Entlang der genannten fünf Funktionen des Pre-Tests wird der Leitfaden anschließend abhängig von den Ergebnissen dieser Voruntersuchung optimiert. Notwendige Veränderungen können in der Kürzung oder Neustrukturierung des Erhebungsinstruments liegen, aber vor allem auch in der Umformulierung, Ergänzung oder dem Weglassen von Fragen, die sich im Pre-Test als nicht geeignet erwiesen haben.

3.3 Die Auswahl und Kontaktierung der Interviewpartner

Die „Akquise" von Experten ist für die Befragung naturgemäß eine zentrale praktische Hürde. Daneben ist dieser Arbeitsschritt aber vor allen Dingen bedeutsam, weil er maßgeblichen Einfluss auf die Güte der Datenerhebung durch Experteninterviews besitzt. Insofern müssen wir an dieser Stelle konzeptionelle Anforderungen an die Auswahl von Experten separat von den praktischen Erfordernissen der Expertengewinnung behandeln.

Wenn wir uns zunächst den konzeptionellen Anforderungen widmen, müssen wir uns in Erinnerung rufen, was eingangs über die Unterscheidung zwischen qualitativer und quantitativer Befragung gesagt wurde. Hier hatten wir festgestellt, dass qualitative Experteninterviews nicht darauf abzielen, Ergebnisse zu produzieren, die über den untersuchten Fall hinaus generalisierbar sind, sondern dazu dienen, den Fall auf der Basis einer systematischen Analyse zu verstehen. Diese Unterscheidung hat auch unmittelbaren Einfluss auf das Verfahren der Expertengewinnung. Da wir nicht nach Generalisierung streben, besteht auch nicht die Anforderung, eine repräsentative Stichprobe oder gar alle relevanten Experten zu befragen. Vielmehr werden für qualitative Interviews die Gesprächspartner nach rein inhaltlichen Erwägungen ausgesucht. Die Auswahl der Experten ist insofern ein wesentlicher Aspekt des Forschungsdesigns und als solcher begründungspflichtig.

Begründungspflichtig heißt in diesem Zusammenhang, dass die eigenen Überlegungen, die zur Auswahl der Experten geführt haben, nicht nur in der Untersuchung genannt werden müssen, sondern es muss zudem erkennbar werden, auf welche Weise und mit welchen Problemen und Schwierigkeiten die tatsächlich Befragten gewonnen wurden. Diese Anforderungen müssen erfüllt werden, weil ansonsten die eigene Vorgehensweise für Dritte nicht erkennbar und damit das Gütekriterium der intersubjektiven Nachvollziehbarkeit nicht eingehalten werden kann. Einer adäquaten Begründung kommt man grundsätzlich ausreichend nahe, wenn die Auswahl der Experten durch die Beantwortung der nachfolgenden drei Fragen vollzogen wurde:

Kriterien zur Auswahl von Experten (vgl. Gläser und Laudel 2006, S. 113)

1. Welcher Experte verfügt über die relevanten Informationen?
2. Welcher dieser Experten ist am ehesten in der Lage, präzise Informationen zu geben?
3. Welcher dieser Experten ist am ehesten bereit und verfügbar, um diese Informationen zu geben?

Es zeigt sich also, dass sich die Auswahl von Experten allein aus der Fragestellung begründet. Dies setzt auf Seiten des Forschers zunächst ein schon erhebliches Maß an Kenntnissen über den Untersuchungsgegenstand voraus. Es muss folglich bereits bekannt sein, welche Akteure in einem politischen Prozess, in einer Akteurskonstellation oder einer institutionellen Konfiguration überhaupt relevant sind. Erst in einem nächsten Schritt kann geklärt werden, wer aus dem Kreise dieser potentiellen Experten aufgrund von Position und unterstelltem Funktionswissen tatsächlich über präzise Informationen über das untersuchte Phänomen verfügt. Und erst darauf hin wird die Frage relevant, welcher dieser Experten auch für eine Befragung zur Verfügung stehen könnte.

Allerdings ist dieser Fragenkatalog mit einem gewissen Maß an Vorsicht zu behandeln, weil er – insbesondere in Bezug auf die dritte Frage – leicht den Eindruck erwecken könnte, die Auswahl von Experten unterläge einer gewissen Beliebigkeit. Dem ist natürlich nicht so.

In der Praxis politikwissenschaftlicher Experteninterviews stehen wir tatsächlich viel öfter vor der Problematik, dass schon die Beantwortung der ersten beiden Fragen zu einer durchaus überschaubaren Zahl tatsächlicher Experten führt. Sind diese dann nicht bereit oder aus terminlichen Gründen nicht verfügbar, um sich befragen zu lassen, besteht die Alternative nun nicht darin, den Expertenbegriff nicht mehr so streng auszulegen und vor diesem Hintergrund weniger geeignete Gesprächspartner auszuwählen. Vielmehr wäre es dann geboten, die Praktikabilität des methodischen Zugangs mittels Expertenbefragung grundsätzlich zu überdenken.

Dies führt uns zu der Frage, warum das Feld möglicher Experten von vornherein derart begrenzt ist. Da sich die Politikwissenschaft nur in selteneren Fälle mit individuellen Akteuren, sondern vornehmlich mit kollektiven und korporativen Akteuren beschäftigt, kommen als Experten in der Regel Mitglieder politischer oder gesellschaftlicher Organisationen in Frage. Solche Organisationen zeichnen sich durch eine arbeitsteilige und zumeist hierarchische Struktur aus, so dass selbst in größeren Organisationen in der Regel nur eine sehr begrenzte Zahl von Mitgliedern für einen bestimmten Tätigkeitsbereich dieser Organisation spezialisiert und verantwortlich ist. Insofern genügt es auch nicht, sich bei der Recherche von relevanten Akteuren nur mit der Ebene der Organisation selbst zu befassen und im weiteren Verlauf der Identifikation des tatsächlichen Experten innerhalb dieser Organisation weniger Aufmerksamkeit zu schenken. Notwendig ist vielmehr, jenes Mitglied einer Organisation zu identifizieren, das tatsächlich über das gewünschte Expertenwissen verfügt. Sofern es sich dabei um formale Organisationen handelt, helfen hier Organisations- oder Geschäftsverteilungspläne weiter. Haben wir es mit kollektiven Akteuren ohne formale Organisationsstruktur zu tun, besteht ein solcher Zugang häufig nicht, so dass relevante Ansprechpartner durch unmittelbaren Kontakt identifiziert werden müssen.

In welcher Weise eine solche Identifikation von Experten innerhalb formaler Organisationsstrukturen möglich ist, kann am Beispiel der Untersuchung zur deutsch-französischen Regierungskoordination dargestellt werden. Diese Untersuchung fokussierte ja auf die Zusammenarbeit beider Regierungen im Zusammenhang mit den Verhandlungen um den Mehrjährigen Finanzrahmen der Europäischen Union 2014–2020. Insofern war als erste Frage zu klären, welche Organisationsteile innerhalb der

Bundesregierung hier im engen und im weiteren Sinne Zuständigkeiten besitzen. Dabei erwies sich zunächst, dass die Federführung im Bereich der mehrjährigen EU-Finanzplanung beim Auswärtigen Amt liegt, jene für die jährlichen Haushalte der Europäischen Union jedoch beim Bundefinanzministerium. Zudem war zu beachten, dass die politische Einigung über den Mehrjährigen Finanzrahmen durch die Staats- und Regierungschefs im Europäischen Rat erzielt werden musste, so dass auch eine mögliche Zuständigkeit des Bundeskanzleramtes zu berücksichtigen war. Im nächsten Schritt konnte auf der Basis dieser Eingrenzung der Zuständigkeiten innerhalb von Bundesregierung und Bundesministerien deren innerorganisatorische Ebene in den Blick genommen werden. Dabei konnten im Auswärtigen Amt zwei Referate identifiziert werden, deren Zuständigkeiten sich explizit auf den Mehrjährigen Finanzrahmen, bzw. die deutsch-französische Regierungskoordination beziehen. Im Bundesfinanzministerium existierte ferner innerhalb der Europaabteilung ein Referat für Haushalt und Finanzen der EU, während sich in der Europaabteilung des Bundeskanzleramts Referate für die Wirtschafts- und Finanzpolitik der EU, aber auch für die Koordination der Europapolitik innerhalb der Bundesregierung befanden.

Somit konnte mit nur wenigen Arbeitsschritten die Anzahl und die Verortung der relevanten Experten innerhalb der Organisationsstruktur der Bundesregierung ermittelt werden. Im Sinne unserer genannten Fragen, wären damit wesentliche Bedingungen der Begründung der Expertenauswahl erfüllt. Jedoch könnte man einwenden, dass eine Auswahl, die nur auf positiver Zuschreibung vermuteter Expertise beruht nicht ausreichend ist. Aus diesem Grund spricht einiges dafür, sich auch die Frage zu stellen, ob es nicht jenseits dieser bereits identifizierten Experten weitere relevante Ansprechpartner geben könnte, die zwar keine formale Zuständigkeit für die Regierungskoordination haben, aber denen man doch zumindest relevante fachliche Kompetenz in Teilfragen zuschreiben könnte. Im vorliegenden Fall hätte dies, beispielsweise, das Bundeslandwirtschaftsministerium betroffen, da ein Großteil der europäischen Haushaltsmittel im Zuständigkeitsbereich dieses Ministeriums verausgabt wird. Es stellte sich im vorliegenden Fall allerdings heraus, dass seitens des Bundeslandwirtschaftsministeriums kein Engagement jenseits der ohnehin etablierten Koordination in EU-Angelegenheiten innerhalb der Bundesregierung stattgefunden hatte, so dass auf weitere Experteninterviews in diesem Bereich verzichtet werden konnte. Allerdings kann solch ein negativer Ausschluss potentieller Gesprächspartner – in Ergänzung zur positiven Zuschreibung von Expertise – zumeist nur auf Basis von Informationen aus bereits geführten Experteninterviews geleistet werden. Dies mag als ein weiterer Hinweis dafür gesehen werden, dass eine qualitative Expertenbefragung auch dadurch dem Grundsatz der Offenheit entsprechen sollte, als es immer möglich und sinnvoll ist, die eigene Auswahl der Experten aufgrund von Informationen aus bereits absolvierten Befragungen kritisch zu reflektieren.

In unserer zweiten Beispieluntersuchung, in der es primär um die Ermittlung jener institutionellen Faktoren ging, die in den Vergleichsstaaten die Leistungsfähigkeit hinsichtlich der Etablierung moderner Biotechnologieindustrien erklären konnten, stellte sich die Situation gänzlich anders dar. Aufgrund dieser sehr viel komplexeren Fragestellung war ohnehin davon auszugehen, dass es der Befragung einer weit größeren Zahl von Experten bedurfte, um einen möglichst vollständigen Überblick über diese unterschiedlichen institutionellen Faktoren zu gewinnen. Auch wird man nicht bestreiten können, dass aufgrund der konzeptionellen Einbettung der Untersuchungsfrage bereits einige Hinweise zumindest auf die relevanten Teilsysteme der nationalen Innovationssysteme existierten, die nahelegten, Experten aus dem Finanzsektor, des Bildungs- und Forschungssektors, der Administration sowie weitere innovationspolitische Akteure zu befragen. Nicht ersichtlich war aber von vornherein, dass es in der Biotechnologieindustrie die sektorspezifische Besonderheit von

Cluster-Effekten gibt, also einer räumlich hochgradig konzentrierten Ansiedlung von Unternehmen, Forschungseinrichtungen und unterschiedlichsten Dienstleistern. Diese Cluster werden in den allermeisten Fällen durch öffentlich-private Netzwerkagenturen koordiniert, weshalb sich gerade in diesen Organisationen ein hohes Maß an Expertise findet. Dieses Beispiel muss an dieser Stelle nicht vertieft werden. Es soll nur erneut deutlich machen, dass es abhängig von der Fragestellung der Untersuchung durchaus notwendig sein kann, bereits weitreichende Kenntnisse über das Untersuchungsfeld zu haben, bevor die relevanten Experten für eine qualitative Befragung identifiziert werden können.

Damit können wir uns den praktischen Hürden der Auswahl und Kontaktierung von Experten zuwenden. Hier ist zunächst zu bedenken, dass diese Auswahl und Kontaktierung so früh wie möglich erfolgen sollte, um sicherzustellen, dass sich die Interviews im Laufe des Forschungsplans auch tatsächlich realisieren lassen. Dieses Problem mag bei Dissertationsvorhaben oder Habilitationen aufgrund des längeren zeitlichen Horizonts nicht so gravierend sein. Bei Studienabschlussarbeiten, für die nur relativ wenig Bearbeitungszeit eingeräumt wird und die häufig auch noch an Semestertermine gebunden sind, stellt sich die Problematik gänzlich anders dar. Als Faustregel kann gelten, dass je nach Umfang der Befragung die Anfrage von Experten drei bis zu sechs Monate vor dem gewünschten Termin erfolgen sollte. Ferner sei nochmals darauf verwiesen, dass der Grundsatz der Offenheit qualitativer Forschung ausdrücklich auch begründen kann, noch nachträglich Interviewpartner einzuplanen, insbesondere dann, wenn Hinweise zu solchen Personen in bereits geführten Interviews gegeben werden und bisherige Gesprächspartner den Zugang zu solchen Personen erleichtern, die ohne diese Referenz womöglich nicht für ein Gespräch hätten gewonnen werden können. Andererseits benötigt der Forscher aber bereits gute, wenn nicht gar fundierte Kenntnisse über das Themengebiet, um überhaupt relevante Experten finden zu können. Zudem ist nach

Durchführung der Interviews auch noch ein genügend großer Zeitraum für die Auswertung der Befragungen einzuplanen.

Alle diese Hinweise mögen verdeutlichen, dass es im Rahmen studentischer Abschlussarbeiten zumeist problematisch ist, umfangreiche qualitative Befragungen durchzuführen. Dies ist in den allermeisten Fällen innerhalb des vorgegebenen Zeitrahmens nicht zu realisieren.

Für die Kontaktierung von Experten werden viele Forscher intuitiv dem Kommunikationsmittel der E-Mail den Vorzug geben. Und tatsächlich ist dieser Weg gerade unter der Bedingung eines engen Zeitplans durchaus geeignet, jedoch nicht frei von Risiken. Das größte Risiko besteht vornehmlich darin, dass die E-Mail-Anfrage von Empfänger schlichtweg übersehen oder ignoriert wird und sich insofern für den Forscher die Frage nach alternativen Kontaktmöglichkeiten stellt. Zumindest wäre an diesem Punkt aber der vermeintliche Zeitvorteil durch die Nutzung elektronischer Kommunikationsmittel bereits eingebüßt.

Vor diesem Hintergrund sollte bei der Interviewplanung ernsthaft erwogen werden, „dem guten, alten Brief" weiterhin zu vertrauen. Ein formelles Anschreiben wird in der Regel nicht nur deutlich seltener ignoriert, es eröffnet vor allen Dingen auch die Möglichkeit, bereits anzukündigen, dass man sich nach einen Zeitraum von einer Woche telefonisch melden werde, um die Möglichkeit und ggf. die Terminierung des Interviews persönlich zu besprechen. Im Verlauf dieses telefonischen Kontakts kann man dann auf dieses Anschreiben verweisen. Zudem ist es in der Schriftform leichter möglich, den potentiellen Experten dazu zu bewegen, auch die beiliegenden Erstinformationen zu lesen. Diese sollten unbedingt – völlig unabhängig vom benutzen Medium – anhängen, weil sie für den Experten eine wichtige Grundlage für seine Entscheidung sind, ob er für eine Befragung zur Verfügung steht oder nicht. Im Unterschied zur E-Mail wird der Experte durch diese Form des Kontakts nicht genötigt, selbst auf die Anfrage unmittelbar antworten zu müssen. Dies kann sich als ein unschätzbarer Vorteil erweisen, insbesondere in Situationen, in denen keine unmittelbare Bereitschaft besteht und diese letztlich nur durch „Überzeugungsarbeit" im persönlichen Gespräch motiviert werden kann.

Aufgrund dieser Notwendigkeit zur Bereitstellung von Hintergrundinformationen über das Forschungsvorhaben ist von einem telefonischen Erstkontakt in der Regel auch abzuraten. Eine Ausnahme besteht, wenn der Kontakt zu einem Experten auf der Basis einer Empfehlung eines anderen Gesprächspartners erfolgt, weil man sich in diesem Fall auf Letzteren beziehen kann und die Hintergrundinformationen nachgereicht werden können. Welchen Weg der „Akquise" man letztlich auch wählt hat keine Bedeutung für den Umfang der Hintergrundinformationen, die einem Experten im Vorfeld zur Verfügung gestellt werden sollten. Diese umfassen im Wesentlichen:

Notwendige Hintergrundinformationen über das Forschungsvorhaben bei der Interviewanfrage

- Eine Kurzbeschreibung des Forschungsthemas
- Eine Begründung, warum die Kontaktpersonen als Experte betrachtet wird
- Informationen über den organisatorischen Hintergrund (studentisches Forschungsprojekt, Drittmittelvorhaben, etc.)
- Informationen über die beabsichtigte Verwertung erhobener Forschungsdaten (studentische Abschlussarbeit, wissenschaftliche Veröffentlichung, Internet-Blog, etc.)
- Informationen über die technische Durchführung des Interviews (Tonbandaufnahme ja/nein) und den vermutlichen zeitlichen Aufwand
- Informationen über den Zeitraum, in dem das Experteninterview durchgeführt werden soll
- Informationen über die Möglichkeit, in Interviews generierte Daten vertraulich zu behandeln

3.4 Die Durchführung von Experteninterviews

Ein Experteninterview ist eine spezielle kommunikative Situation, die von einer Reihe von Besonderheiten geprägt ist. Deshalb besteht eine wesentliche Bedingung für den Erfolg einer solchen Befragung darin, sich dieser Situation im Vorfeld bewusst zu sein und daraus die richtigen Schlüsse zu ziehen.

Ein Experteninterview hat eine klare Zielsetzung. Als Forscher wollen wir aus einer solchen Befragung Informationen generieren, von denen wir bereits annehmen, dass sie durch andere methodische Zugänge nicht oder nur teilweise zu erhalten sind. Dies bedeutet letztlich, dass es zum Erfolg des Interviews kaum eine Alternative gibt. Weil dies so ist, obliegt es dem Forscher, die Kontrolle über den Verlauf des Interviews zu behalten, ohne dabei aber den Kommunikationsprozess zu stören. Wie sollte sich infolgedessen die Gesprächssituation entwickeln? Trinczek weist in seinem Praxisbericht über die Befragung von Managern richtigerweise darauf hin, dass Interviewsituationen keineswegs statisch sind, sondern sich im Verlaufe der Befragung Situationsveränderungen ergeben können, die auch aus Sicht des Forschers gewünscht sein können (2005, S. 214). So kann man grundsätzlich die Eröffnungssequenz eines Experteninterviews von einer späteren Phase unterscheiden. In der ersten Phase eines Interviews wird ein Experte im Regelfall auf eine tatsächliche Abfolge von Frage und Antwort eingestellt sein. Zur Beantwortung von Fragen hat der Forscher diesen Gesprächstermin vereinbart und es wäre unbegründet zu vermuten, dass der Experte von diesem Termin zunächst etwas anderes erwartet. Die Erfahrung lehrt, dass diese Phase von enormer Bedeutung für den weiteren Verlauf des Interviews ist, aber nicht unbedingt jene ist, in der die wichtigsten Informationen generiert werden. So ist vor allem zu beachten, dass sich der Experte in dieser Eröffnungsphase seine

Meinung über die Kompetenz des Forschers (und sicher auch hinsichtlich der persönlichen Sympathie gegenüber dem Forscher) bildet. Gewinnt der Experte zu beidem einen eher negativen Eindruck, dürfte es schwer werden, in die zweite Phase eines Experteninterviews einzusteigen, die im Idealfall die Form eines ungezwungenen Fachgesprächs haben wird.

Auf dieser Ebene ist die Kommunikationssituation nun in viel stärkerem Maße von einer „diskursiv-argumentativen" Interviewführung gekennzeichnet (Trinczek 2005, S. 218). Es kommt also darauf an, dass der Forscher hier über den reinen Fragestil, der noch die erste Phase des Gesprächs bestimmt hat, in einem Modus der Argumentation und Diskussion wechselt. Dazu können (müssen) durchaus vom Experten gemachte Aussagen auch einmal kritisch durch den Forscher hinterfragt werden. Das Erreichen dieser zweiten Phase ist aus zwei Gründen wichtig. Erstens erlaubt es eine solche Kommunikationssituation in besonderer Weise, dass der Experte tatsächlich seine eigenen Relevanzstrukturen offen legt. Und zweitens wird man nur in einer solchen Phase erwarten dürfen, dass sich der Experte von formalen Beschlussfassungen seiner Organisation löst und gerade dadurch die für das Forschungsvorhaben tatsächlich relevanten Informationen liefert. Im Idealfall nimmt diese zweite Phase des Interviews viel mehr Zeit in Anspruch als noch die Eröffnungsphase. Wird eine solche Kommunikationssituation erreicht, ist dies in aller Regel auch der Grund dafür, dass Befragungen durchaus deutlich länger dauern können als ursprünglich vereinbart. Dies alles sollte der Forscher erlauben und durch seine Gesprächsführung unterstützen. Ein Experteninterview zu steuern heißt insofern nicht, ständig gegenüber dem Experten zu dokumentieren, dass der Ablauf entsprechend des Leitfadens das Maß aller Dinge ist. Vielmehr muss der Forscher in der konkreten Interviewsituation die Flexibilität an den Tag legen, zwischen den unterschiedlichen Themenkomplexen des Leitfadens zu wechseln und ggf. erst zum

Ende des Gesprächs nochmals auf die Aspekte zurückzukommen, die zentral sind, aber bisher nicht behandelt wurden.

In Experteninterviews können sich zudem unterschiedliche „Interaktionseffekte" (Vogel 1995, S. 78 ff.) ergeben, die sich sehr verschieden auf den Erfolg der Befragung auswirken.

Interaktionseffekte in Experteninterviews (vgl. Vogel 1995, S. 78 ff.)

- Der **Eisbergeffekt**: eine durch Misstrauen und Desinteresse geprägte Kommunikationssituation, in der ein Experte offenkundig verfügbare Informationen zurückhält.
- Der **Paternalismuseffekt**: eine durch den Experten dominierte Kommunikationssituation, in der ein Experte dem Forscher mitzuteilen gedenkt, welche Informationen für ihn wichtig sind.
- Der **Rückkopplungseffekt**: eine Situation, in der ein Experte das Frage-Antwort-Spiel umkehrt und dabei den Forscher mit Fragen konfrontiert, deren Beantwortung ihn interessieren.
- Der **Katharsiseffekt**: eine Kommunikationssituation, in der ein Experte sich selbst inszeniert und vorwiegend sein Selbstdarstellungsbedürfnis befriedigt.

Solche Effekte können in Experteninterviews häufig auch zeitweilig auftreten und müssen deshalb noch nicht bedeuten, dass das gesamte Interview nicht den erwarteten Erfolg bringen wird. Sie lassen sich auch nur bedingt durch eine kluge Gesprächssteuerung ausschließen. Allerdings muss auch klar gesagt werden, dass der Forscher das Risiko, dass solche Effekte auftreten, zumindest minimieren kann.

Denn das Auftreten des „Eisbergeffekts" ist häufig die unmittelbare Konsequenz eines „Fehlverhaltens" des Forschers, der entweder den Experten im Vorfeld der Terminvereinbarung über zentrale Hintergründe des Interviews im Unklaren gelassen hat (wodurch das Misstrauen erzeugt wird) oder eine nachvollziehbare Reaktion des Experten auf die mangelnde Vorbereitung des Forschers auf das Thema. Sofern dieser also das „Level" des

Co-Experten offenkundig nicht erreicht, wird man von einem Experten schwerlich erwarten dürfen, dass er bereitwillig alle gewünschten Informationen preisgibt.

Der „Paternalismuseffekt" kann insbesondere bei studentischen Forschungsvorhaben zu einem kaum zu lösenden Problem werden, da er in der Regel auf Statusunterschieden beruht, die der Experte zum Anlass nimmt, dem (jungen) Forscher seine Sicht der Dinge wohlmeinend nahezubringen. Als „Schutzmechanismus" gegen einen solchen Effekt kommt insofern nur in Frage, Interviews in einer Organisation nicht unbedingt auf der höchsten Hierarchieebene zu führen. Abgesehen davon, dass auch andere Gründe gegen eine solche Vorgehensweise sprechen, ist die Gefahr des Auftretens des Paternalismuseffekts bei älteren und erfahrenen Persönlichkeiten in Führungspositionen am größten.

Im Falle des Auftretens des „Rückkopplungseffekts" ist auf Seiten des Forschers strategisches Geschick gefragt. Einerseits wird man das Informationsbedürfnis des Experten im Hinblick auf die gesamte Gesprächsatmosphäre nicht unterbinden können, während andererseits die Umkehrung der Rollen natürlich Sinn und Zweck der Befragung grundsätzlich in Frage stellen. Hier hilft letztlich nur, freundlich darauf zu verweisen, dass man alle Fragen des Experten gerne ausführlich nach Abschluss der eigenen Befragung diskutieren wird.

Dem „Karthasiseffekt" kommt insgesamt aber die größte Bedeutung zu, weil er sich nur unter gewissen Umständen negativ auf den Erfolg der Befragung auswirkt. Sicherlich ist es für den Forscher grundsätzlich nicht angenehm, wenn ein Experte die Befragung zum Anlass nimmt, über all die Probleme und Frustrationen zu sprechen, die seine berufliche Tätigkeit mit sich bringen. Letztlich ist dies aber auch genau jene Situation, in der ein Experte am ehesten von der offiziellen Linie seiner Organisation abweichen wird. Insofern ist hier der Momente erreicht, in dem eine qualitative Expertenbefragung ihr größtes Potential entwickeln kann. Der Forscher sollte einen solchen Effekt also nicht ohne Not unterbinden, selbst wenn für einen Moment der Eindruck entsteht, die Befragung drohe zu scheitern. Auf jeden Fall kann man aber davon ausgehen, dass dieser Effekt ohnehin nur in einer Situation auftritt, in der ein Experte den Forscher als „Co-Experten" akzeptiert hat und das Interview bereits die Form eines offenen Fachgesprächs angenommen hat.

Da die konkrete Interviewsituation in der Regel in hohem Maße einzigartig und dynamisch ist, kann man für diesen Schritt der Datenerhebung kaum allgemeingültige Hinweise geben. Als sicher darf angenommen werden, dass ein Erfahrungsschatz aus vielen selbst durchgeführten Experteninterviews die Wahrscheinlichkeit des Gelingens späterer Befragungen erhöht. Diese Gewissheit nützt bei studentischen Befragungen zugegebenermaßen wenig, da es sich hier vielfach um den ersten Zugang in der qualitativen Feldforschung handelt. Insofern erscheint der wichtigste Ratschlag, neben einer gründlichen Vorbereitung, jener zu sein, den Meuser und Nagel in ihrer Darstellung zu Experteninterviews formuliert haben: „Entscheidend für das Gelingen des Experteninterviews ist unserer Erfahrung nach eine flexible, unbürokratische Handhabung des Leitfadens im Sinne eines Themenkomplexes und nicht im Sinne eines standardisierten Ablaufschemas" (2005, S. 269).

Neben diesen Hinweisen zur Steuerung von Experteninterviews und den dabei potentiell auftretenden Problemen gibt es allerdings zwei weitere Aspekte, die einer näheren Betrachtung bedürfen.

Der erste Aspekt betrifft die Frage, ob Experteninterviews zwingend mittels Tonbandaufnahme dokumentiert werden müssen. Die Antwort darauf kann meiner Auffassung nach nur lauten, dass der Verzicht auf eine solche Aufnahme sehr gut begründet sein muss. Natürlich sind in der Politikforschung Situationen vorstellbar, in denen ein Experteninterview bedingt durch die Tonbandaufnahme nicht den gewünschten Ertrag bietet, vor allem dann, wenn es um die Rekonstruktion von in hohem Maße informellen Verhandlungs- und Entscheidungsprozessen geht oder die betreffende Thematik aktuell politisch kontrovers diskutiert wird. Der Verzicht auf eine solche Aufnahme hat aber eine Reihe von Implikationen.

Erstens legt sie dem Interviewer auf, während des Gespräches möglichst umfangreiche Notizen zu machen, was die Konzentration auf das Interview, gerade bei unerfahrenen Forschern, ganz erheblich beeinträchtigen kann. Zweitens ist es notwendig, unmittelbar nach dem Interview ein umfassendes Gedächtnisprotokoll zu erstellen, das von vornherein aber kein vergleichbares Niveau besitzt zur Sicherung der Datenerhebung mittels Aufzeichnung. Selbst ein noch so umfangreiches Gedächtnisprotokoll erlaubt es später nicht, Informationen oder Bewertungen des Experten zweifelsfrei zu belegen. Dies führt drittens dazu, dass es bei einer solchen Vorgehensweise auch nicht mehr möglich ist, aus Experteninterviews wörtlich zu zitieren, bzw. Informationen hieraus ohne Prüfung der Plausibilität durch eine „zweite Quelle" zu nutzen.

Insofern sollte man im Grundsatz immer davon ausgehen, dass ein Tonbandmitschnitt bei der Durchführung von Experteninterviews den Normalfall darstellt. Hiervon abzuweichen bedeutet, sich schon im Vorfeld darüber im Klaren zu sein, welche Beschränkungen mit diesem Verzicht verbunden sind und ob diese überhaupt, vor dem Hintergrund des Stellenwerts der Interviews für die Analyse, gerechtfertigt sind. Allerdings bekennt sich der Verfasser dieses Bandes an dieser Stelle, in voller Kenntnis der Begrenzungen einer solchen Vorgehensweise, zu seiner persönlichen Präferenz zur Durchführung von Experteninterviews ohne Tonbandaufzeichnung. Diese Präferenz hat sich über die Jahre und wohl auch als Ergebnis zahlreicher aufnahmegestützter Interviews herausgebildet. Sie begründet sich vornehmlich dadurch, dass die eben beschriebene Situation des offenen Fachgesprächs ohne eine solche Aufzeichnung sehr viel einfacher herzustellen ist. Eine Tonbandmitschnitt wirkt auf Seiten des Experten immer hemmend in Bezug auf das Abweichen von der offiziellen Linie des Hauses. Deswegen ist es letztlich auch wenig konsequent, einen Mittelweg einzuschlagen, der zunächst eine Aufzeichnung des Gesprächs vorsieht, gleichzeitig aber offen ist für das zeitweise Aussetzen der Aufzeichnung, wenn der Experte eine Information vertraulich mitteilen möchte. Diese Alternative ist deshalb wenig konsequent, weil dann gerade für die zentralen Teile des Interviews der Beleg fehlt und man insofern zwar umfassend aus dem Interview zitieren kann, aber eben nicht jene Aussagen, die der Vertraulichkeit unterlagen.

Vielmehr ist die Entscheidung zugunsten oder gegen eine Tonbandaufzeichnung von vornherein mit konzeptionellen Konsequenzen für die Gesamtanalyse verbunden, denen sich der Forscher bereits bei der Festlegung des Untersuchungsdesigns stellen sollte. Sofern von Experteninterviews erwartet wird, dass sie Informationen produzieren, die durch andere Quellenzugänge nicht generiert werden können, ist die Aufzeichnung der Interviews nicht nur sinnvoll, sondern unabdingbar. Werden Experteninterviews hingegen vorwiegend zur Verdichtung des sonstigen empirischen Materials verwendet und liegt es im Interesse der Analyse, den untersuchten Fall vor allem auch in Bezug auf die Relevanzstrukturen und Bewertungen tatsächlich involvierter Akteure zu verstehen, sollte man sich hingegen sehr genau überlegen, ob hierzu eine Tonbandaufnahme der Interviews nicht kontraproduktiv ist. Als Faustregeln kann folglich gelten, dass je höher der Grad der durch Experteninterviews erwarteten Sachinformationen ausfällt, je mehr Gründe auch für die Tonbandaufzeichnung sprechen.

Der zweite hier zu diskutierende Aspekt betrifft die Zusicherung von Anonymität, bzw. Vertraulichkeit gegenüber dem Experten. In dieser Hinsicht fällt bei der kritischen Bewertung von interview-basierten Untersuchungen immer wieder ein erstaunlich freizügiger Umgang mit solchen Zusicherungen auf, der methodisch meines Erachtens außerordentlich problematisch ist. Dies hat zwei Gründe.

Erstens muss man aufgrund der oben bereits beschriebenen „Enge des Expertenfeldes“ doch stark in Zweifel ziehen, welches Niveau von Vertraulichkeit die Nichtkennzeichnung des Namens von Experten tatsächlich darstellt. Zumindest für die allermeisten Untersuchungen in der Politikwissenschaft dürfte gelten, dass man sehr plausible Annahmen darüber anstellen könnte, wer im Zweifelsfall der befragte Experte gewesen ist, wenn in der Untersuchung tatsächlich jene Akteure befragt wurden, für deren Auswahl die in Abschn. 3.3 entwickelten Kriterien angewendet wurden. Denn es ist keineswegs so, dass im Falle der Anonymisierung gänzlich auf Hinweise auf die Experten verzichtet werden könnte. Dies ist so, weil zweitens aus der Perspektive der intersubjektiven Nachvollziehbarkeit der Untersuchung darauf bestanden werden muss, dass zumindest der Name der Organisation und das jeweilige Tätigkeitsfeld gekennzeichnet werden, weil ansonsten für Dritte nicht einzuschätzen ist, welchen Wert die in der Untersuchung aus Interviews generierten Daten überhaupt haben. Dieser Umstand wird auch dadurch belegt, dass in nicht wenigen Fällen, in denen Experten einer Tonbandaufnahme zustimmen, auf die Gewährung von Vertraulichkeit verzichtet wird.

3.5 Die Protokollierung der Interviewsituation

Im unmittelbaren Anschluss an die Befragung empfiehlt es sich, eine Dokumentation derselben vorzunehmen, die wichtige Informationen über den befragten Experten, den Ablauf der Befragung, und über organisatorische Aspekte des Interviews zusammenfasst. Diese Dokumentation dient nicht der Sicherung der Daten, ist also nicht mit der Transkription oder dem Gedächtnisprotokoll zu verwechseln, die uns zu Beginn des nächsten Kapitels interessieren werden. Vielmehr sollte das Protokoll Hinweise zur Gesprächsatmosphäre, zu Reaktionen des Gesprächspartners, zum Umfang, in dem Fragen beantwortet wurden und ggf. zu im Gespräch erhaltenen weiteren Informationen, die für den Forschungsprozess von Bedeutung sein könnten, enthalten. Dieses Protokoll kann in späteren Phasen vor allem bei der Interpretation der gewonnenen Daten und bei der vergleichenden Analyse verschiedener Interviews eine wichtige Rolle spielen, weil es auch nach längeren Zeiträumen noch eine Einschätzung der Qualität des jeweiligen Interviews erlaubt.

Die Protokollierung muss nicht sehr ausführlich ausfallen und kann auf Kategorien zurückgreifen, die in dieser Darstellung präsentiert worden sind. So kann die Gesprächssituation anhand der oben genannten Interaktionseffekte charakterisiert werden. Ferner kann beschrieben werden, ob sich das Interview überwiegend im Frage-Antwort-Modus oder doch stärker als offenes Fachgespräch entwickelt hat. Weitere Informationen können sich auf Themenkomplexe des Interviews beziehen, die entweder als besonders ertragreich oder als unergiebig empfunden wurden.

Dieses Protokoll erlaubt es auch, wichtige Hinweise für den weiteren Forschungsprozess zu dokumentieren. Dies könnten Fakten sein, die noch einer weiteren Recherche bedürfen oder Hinweise auf potentielle weitere Interviewpartner, zu denen der soeben befragte Experte den Zugang vermitteln kann. Schließlich dient dieses Protokoll des Vermerks wichtiger organisatorischer Daten, wie Ort, Zeit und Dauer des Interviews, relevanter biographischer Rahmendaten über den Experten sowie der Bestätigung, ob Vertraulichkeit zugesichert wurde, ob der Experte auf seine Rechte in Bezug auf die für die Befragung geltenden ethischen Normen hingewiesen wurde und ob die Möglichkeit vereinbart wurde, den Experten im weiteren Verlauf des Forschungsprozesses nochmals zu kontaktieren. Abbildung 3.6 zeigt ein Beispiel-Schema eines solchen Protokollbogens.

Protokoll des Experteninterviews ________________ (Laufende Nummer/Code)

Ort:
Zeit:
Dauer:

Name und Funktion des Gesprächspartners: ____________________________
Alter: ____

Kontaktmöglichkeiten: ____

Rahmendaten zum biographischen Hintergrund:

Interviewsituation: ____
Gesprächsatmosphäre: ____
Charakterisierung des Interviewverlaufs: ____________________________

Besonderheiten in der Behandlung einzelner Themenkomplexe:

Wichtige Daten/Hinweise zur Nachverfolgung:

Vertraulichkeit/Anonymisierung: ____________________________________
Hinweis auf ethische Aspekte: Ja/Nein
Nachkontakt vereinbart: Ja/Nein

Abb. 3.6 Beispiel eines Protokollbogens für Experteninterviews. (Quelle: Eigene Darstellung)

4

Die Ergebnisse qualitativer Experteninterviews: Auswertung und Interpretation

Mit dem Abschluss der Expertenbefragung tritt der Forschungsplan in die Phase der Auswertung und Interpretation der gewonnenen Daten ein. Dabei sollte zunächst Berücksichtigung finden, dass dieser Prozess der Datenanalyse häufig erhebliche zeitliche Ressourcen in Anspruch nimmt. Dies gilt natürlich vor allem dann, wenn bei den Experteninterviews Tonbandmitschnitte gemacht wurden, die nun zunächst transkribiert, also in Textform überführt, werden müssen. Wurde auf eine solche Aufnahme verzichtet, besteht der nächste Schritt in der Ausfertigung eines Gedächtnisprotokolls. Hier entfällt somit der Arbeitsschritt der Transkription.

Allerdings gibt es zwischen diesen beiden Varianten der Ergebnissicherung einen zentralen Unterschied. Während Gedächtnisprotokolle nur einen sinnvollen Beitrag zur Analyse leisten können, wenn sie unmittelbar im Anschluss an das jeweilige Interview geschrieben werden, besteht die Notwendigkeit dieser engen zeitlichen Abfolge beim mitgeschnittenen Interview nicht. Allerdings sollte man auch hier zu große Zeitabstände zwischen Befragung und Transkription möglichst vermeiden. Zumindest die Kontrolle der ordnungsgemäßen Aufnahme muss aber unbedingt unverzüglich erfolgen, da nur dann – im Falle des Auftretens technischer Probleme – die Alternative des Gedächtnisprotokolls noch existiert.

Für die Analyse von Daten aus Experteninterviews wird in der Literatur eine Reihe von Vorschlägen zu unterschiedlichen Verfahrensarten (vgl. Mayring 1999; Meuser und Nagel 2005; Gläser und Laudel 2006; zusammenfassend: Mayer 2009) gemacht. Diese Verfahren lassen sich grundsätzlich unter dem Begriff der **qualitativen Inhaltsanalyse** subsumieren, wenngleich es in diesem Bereich eine so erhebliche Anzahl von Varianten gibt, dass es nicht möglich ist von der einen Methode der Inhaltsanalyse zu sprechen. Vielmehr zeichnen sich unterschiedliche wissenschaftliche Disziplinen durch ein spezifisches Interesse an der Analyse von Texten, Bildern, Filmen oder anderem Datenmaterial aus. Für den Bereich der Politikwissenschaft wird man aber davon ausgehen können, dass die hermeneutische (Soeffner 1979; Hitzler und Honer 1997), die diskursanalytische (Keller et al. 2010) und – im Bereich der Auswertung von Experteninterviews – die themenanalytische Inhaltsanalyse dominieren.

Wir werden uns folglich im Weiteren mit diesem letztgenannten Typus befassen, weil er für unser Kernziel der Identifikation und Weiterverarbeitung der in den Interviews generierten Informationen am besten geeignet ist und deshalb auch mit einem geringerem Maß an Komplexität auskommt, als alternative inhaltsanalytische Verfahren.

Diesbezüglich wird auch in einschlägigen politikwissenschaftlichen Lehrbüchern vielfach auf das von Philipp Mayring entwickelte inhaltsanalytische Verfahren verwiesen (2000), das in seiner gesamten Komplexität jedoch in kaum einer politikwissenschaftlichen Analyse, für die Experteninterviews eine Rolle gespielt haben, angewendet wurde. Dies spricht in keiner Weise gegen dieses Modell. Allerdings verfolgen wir mit der Analyse von Experteninterviews ein so spezifisches Ziel, dass dafür das von Mayring entwickelte Instrumentarium insbesondere wegen der kommunikationsorientierten Fundierung des Verfahrens als zu vielfältig und aufwendig erscheint. Denn im Experteninterview interessieren uns zwar durchaus Erfahrungen und Einstellungen des Befragten, auf eine Analyse der Entstehungssituation und der Wirkungsweise des Textes kann aber jenseits der Bewertung der Interviewsituation verzichtet werden.

Davon unberührt bleibt, dass die wesentlichen Schritte dieses Verfahrens auch für unseren Zweck grundsätzlich relevant sind. Diese Schritte werden hier als „Zusammenfassung", „Explikation" und „Strukturierung" beschrieben und stellen drei distinkte analytische Vorgehensweisen dar. Das Ziel der Zusammenfassung ist die Reduktion des Textmaterials auf die analytisch relevanten Inhalte. Die Explikation basiert hingegen auf der umgekehrten Logik. Hier werden ergänzende oder erläuternde Information zu relevanten Textpassagen hinzugefügt, um die Verständlichkeit der jeweiligen Passage sicherzustellen. Erst mit der Strukturierung beginnt die eigentliche Analyse des Textmaterials, wobei nunmehr die zuvor ausgewählten Passagen verschiedenen Kategorien zugeordnet werden, die sich entweder aus dem Material selbst ergeben können (induktiv) oder bereits auf der Basis des theoretischen Bezugsrahmens der Untersuchung entwickelt wurden (deduktiv).

Die nachfolgende Darstellung zentraler Arbeitsschritte der Datenanalyse wird zeigen, dass diese Grundlogik einer inhaltlich-strukturierenden Inhaltsanalyse also für unsere Zwecke durchaus adaptiert werden kann. Insofern erfolgt die Auswertung der Experteninterviews hier in den folgenden Schritten: nach der Überführung der Interviews in Textform nehmen wir eine erste „Kodierung" des Materials vor, wobei es hier noch nicht darum geht, den Sinngehalt einzelner Interviewaussagen zu bewerten, sondern lediglich festzustellen, ob diese Aussage zur Beantwortung unserer Forschungsfrage relevant sein könnte oder nicht. In dem auf diese Weise reduzierten Textmaterial identifizieren wir dann, im Wesentlichen auf Basis deduktiver Kategorien, die wir bereits bei der Entwicklung des Leitfadens herangezogen haben, die

Kernaussagen des Materials. Sofern diese Kernaussagen für sich genommen nicht vollständig nachvollziehbar oder verständlich sind, lässt sich dieses Problem oftmals durch eine Erweiterung der Datenbasis lösen. Erst danach sind wir in der Lage, Kernaussagen aus unterschiedlichen Interviews gegenüberzustellen, auf unseren theoretischen Kontext zu beziehen und abschließend zu interpretieren.

Die qualitative Inhaltsanalyse nimmt für sich in Anspruch, offen, systematisch und theoriegeleitet zu sein. Damit gelten für sie dieselben Güterkriterien, die wir eingangs bereits für die Phase der Datenerhebung dargestellt und diskutiert haben.

Die Offenheit der Analyse gewährleisten wir dabei primär durch die Möglichkeit, die verschrifteten Interviews auch auf der Basis von Kategorien zu analysieren, die am Text selbst entwickelt werden. Hierbei kommt es also darauf an, „den Text für sich selbst sprechen zu lassen". Diese Vorgehensweise wählen wir immer dann, wenn sich Darstellungen des Experten nicht zweifelsfrei unseren deduktiven Kategorien zuordnen lassen. Systematisch meint in diesem Zusammenhang, dass die Analyse nach expliziten Regeln durchgeführt wird, die sicherstellen, dass ihre Ergebnisse intersubjektiv nachvollziehbar sind. Dies bedeutet natürlich auch, dass diese Schritte der Inhaltsanalyse an geeigneter Stelle in der Forschungsarbeit vorgestellt werden müssen, da sie allein aus der Ergebnisdarstellung in der späteren Arbeit nicht nachvollziehbar sind. Der Anspruch der theoriegeleiteten Vorgehensweise bezieht sich darauf, dass die einzelnen Schritte der Analyse mit unseren konzeptionellen Vorüberlegungen in Verbindung stehen und die Ergebnisse der Analyse abschließend auch wieder auf diesen theoretischen Kontext bezogen werden müssen. Die einzelnen Schritte der Inhaltsanalyse basieren deshalb zunächst einmal auf den Kategorien, die wir bereits im Prozess der Operationalisierung der Forschungsfrage entwickelt haben. Dies bedeutet aber natürlich auch, dass jede Inhaltsanalyse dieselben kontextspezifischen Merkmale aufweist, wie schon die

Expertenbefragung selbst. Insofern gibt es für die Inhaltsanalyse politikwissenschaftlicher Experteninterviews keine allgemein anerkannten Kategorien, wohl aber distinkte Arbeitsschritte, deren Zweckmäßigkeit weithin anerkannt ist.

4.1 Die Sicherung der Ergebnisse: Transkription oder Gedächtnisprotokoll

Mit diesem ersten Schritt der Auswertungsphase entsteht unabhängig von der gewählten Form der Sicherung aus dem Experteninterview ein Text, der für die nachfolgende Analyse die Grundlage darstellt. Damit sind allerdings die Gemeinsamkeiten beider Verfahren der Ergebnissicherung aber auch schon weithin erschöpft. Denn nur auf der Basis einer Transkription des aufgezeichneten Experteninterviews können wir eine vollständig regelgeleitete Inhaltsanalyse durchführen. Im Falle des Gedächtnisprotokolls haben wir es bereits mit einer signifikanten Reduktion des Ergebnismaterials zu tun, für das wir nur sehr bedingt in Anspruch nehmen können, dass es systematisch aus dem Gesamtmaterial extrahiert worden wäre. Denn im Gedächtnisprotokoll tauchen ja nur noch jene Daten auf, die der Forscher im Laufe des Interviews notieren konnte, bzw. jene die unmittelbar nach dem Interview – unter wohlwohlwollender Zuschreibung guten Erinnerungsvermögens – niedergeschrieben werden konnten. Dies bedeutet letztlich, dass eine solche Protokollierung von Experteninterviews nur für felderfahrene Forscher empfohlen werden kann. Denn das Notieren wichtiger Textpassagen oder Informationen im Verlaufe des Interviews erfordert, dass der Forscher in der konkreten Gesprächssituation sein Kategorienschema derart verinnerlicht hat, dass er mit den Notizen tatsächlich auch jene Kernaussagen erfassen kann, die wir im Verfahren der

Inhaltsanalyse erst mit einigem Aufwand und zu einem sehr viel späteren Zeitpunkt auf der Basis eines regelgeleiteten Verfahrens der Auswertung des kodierten Gesamtmaterials identifizieren werden.

Im Gedächtnisprotokoll rekonstruiert der Forscher das soeben durchgeführte Experteninterview in Bezug auf die dort generierten Daten. Es geht hier also nicht um eine Bewertung oder Charakterisierung der Befragung an sich, sondern alleine um die Informationssicherung. Gläser und Laudel sprechen in diesem Zusammenhang die völlig zutreffende Empfehlung aus, dass der Forscher hierfür selbst eine Tonbandaufnahme benutzen sollte, weil die Informationen durch das Sprechen sehr viel schneller gesichert werden können als wenn sie tatsächlich unmittelbar niedergeschrieben werden müssten (2006, S. 187). Gedächtnisprotokolle lassen sich besonders ertragreich anfertigen, wenn sie auf der Basis von Notizen verfasst werden, die der Forscher schon während des Interviews im Leitfadendokument an der Stelle der jeweils behandelten Fragen gemacht hat. Sofern also im Vorfeld des Interviews die Möglichkeit einer Tonbandaufzeichnung bereits verworfen worden ist, sollte der Forscher eine Version des Leitfadens vorbereiten, die ausreichend Platz für solche Notizen an den relevanten Stellen des Leitfadens bietet. Diese Vorgehensweise erlaubt es später, die Daten auch den Themenkomplexen zuzuordnen, zu denen sie tatsächlich generiert worden sind.

Auch wenn das Gedächtnisprotokoll primär der Datensicherung dient und in dieser Hinsicht der Transkription mitgeschnittener Interviews deutlich unterlegen ist, so darf doch ein Vorteil dieser Vorgehensweise nicht unterschätzt werden.

So weist Kvale richtigerweise darauf hin, dass bei dieser erinnerungsbasierten Fixierung von Befragungsergebnissen durch den kurzen zeitliche Abstand zum Interview auch Eindrücke verarbeitet werden, die in einer Tonbandaufnahme überhaupt nicht oder zumindest nicht in gleicher Weise dokumentiert werden können. Dies betrifft im Wesentlichen visuelle Eindrücke, Wahrnehmungen über die soziale Interaktion und zur Gesprächsatmosphäre (Kvale 1996, S. 161 f.). Vor allem kann es durchaus vorkommen, dass ein Experte während des Interviews zur Veranschaulichung seiner Positionen Einsicht in ergänzendes schriftliches oder visuelles Material gewährt, das aber „nicht außer Haus" gegeben werden kann. Solche Informationen finden sich in der Tonbandaufzeichnung später natürlich nicht wieder, so dass auch im Falle der Entscheidung zugunsten des mitgeschnittenen Interviews ein „aktives Zuhören" und damit möglichst auch die Abfassung umfangreicher Notizen durch den Forscher während des Interviews gefordert sind.

Hinsichtlich einer Transkription gilt es zu bedenken, dass aufgrund des hierfür notwendigen Zeitaufwandes oft die Neigung besteht, nur die als wichtig erachteten Gesprächspassagen zu transkribieren. Dies ist natürlich nachvollziehbar und sicherlich auch begründet, wenn ein Experteninterview nicht die gewünschten Resultate erzielt hat. In anderen Fällen hingegen ist eine solche Verkürzung ohne klare Reduktionsregeln allerdings nicht unproblematisch. Sie sollte, wenn überhaupt, in jedem Fall nur durch Personen vorgenommen werden, die selbst am Experteninterview teilgenommen haben. Auch hier erscheint es zwingend geboten, dass schon während des Gesprächs Notizen über weniger zentrale Passagen angefertigt werden, die im späteren Verlauf einer begrenzten Transkription nicht mehr berücksichtigt werden sollen.

Die Problematik der verkürzten Transkription liegt nun vor allem darin, dass mit einer solchen einmal getroffenen Entscheidung das nicht berücksichtigte Material quasi verloren ist. Zumindest ist die Vorstellung, dass man zu einem späteren Zeitpunkt der Analyse noch einmal auf die Tonbandaufzeichnungen zurückgreift, wenig realitätsnah. Dank Digitalisierung existiert jedoch heute ein durchaus anspruchsvolles Angebot an (auch kostenfreier) Transkriptionssoftware, die eine Bearbeitung des Audiomaterials am PC erlaubt und dabei teilweise vor allem die Möglichkeit vorsieht, die Audiodaten und den transkribierten

Text in derselben Datei zu speichern. Insofern ist hier die Gefahr des Verlusts wichtiger Daten etwas geringer.

Dennoch müssen die Alternativen der vollständigen oder partiellen Transkription sorgsam abgewogen werden, vor allem weil unter dem unmittelbaren Eindruck des tatsächlichen Interviews besonders jene Passagen in Erinnerung bleiben, in denen der Experte vermeintlich genau das Forschungsproblem angesprochen hat. Tatsächlich ist es aber häufig so, dass in realen Interviewsituationen ein Experte mit seinen Antworten häufig schon gewisse Aspekte vorwegnimmt oder in späteren Phasen auf bereits angesprochene Themen zurückkommt. Die relevanten Daten müssen sich folglich nicht ausschließlich in den Passagen wiederfinden, in denen der Experte die Frage hauptsächlich beantwortet hat. Vielmehr kann es sein, dass alle diesbezüglichen Antwortelemente am Ende notwendig sind, um einzelne Informationen vollständig nachvollziehen zu können.

Eine bedenkenswerte Alternative zur selektiven Transkription besteht deshalb darin, Textteile, die bei einer ersten Durchsicht als nicht unmittelbar relevant betrachtet werden, zumindest zu paraphrasieren. Damit ist sichergestellt, dass uns auch dieses Material für die spätere Analyse nicht verloren geht. Dieser Aspekt ist vor dem Hintergrund zu sehen, dass wir in der Phase der Datensicherung ja noch am einzelnen Interview arbeiten und insofern auch noch nicht vollständig überblicken können, ob nicht die zunächst als wenig relevant erachteten Aussagen im Lichte der Zusammenführung von Informationen aus mehreren Interviews doch wieder Bedeutung erlangen.

Unter einer Paraphrase verstehen wir eine textgetreue Zusammenfassung einer Aussage unseres Experten in unseren eigenen Worten, wobei die ursprünglichen Informationen, Deutungen und Meinungen nach wie vor enthalten sind. Eliminiert werden also insbesondere solche Elemente der Aussagen, die nur ausschmückenden Charakter haben oder offenkundig redundant sind. Textteile, für die eine solche Vorgehensweise gewählt wird,

	I:	*Welche Bedeutung haben aus ihrer Sicht traditionelle Geschäftsbanken in der Finanzierung junger Biotechnologieunternehmen?*		
001	B:	Damit sprechen Sie natürlich einen	001	Nach Auffassung des Experten
002		ganz wunden Punkt an.	002	waren deutsche Banken an der
003		Grundsätzlich muss man schon	003	Finanzierung von
004		sagen, dass insbesondere unsere	004	Biotechnologieunternehmen wenig
005		Banken wenig interessiert daran	005	interessiert, weil ihnen das
006		waren, solche Unternehmen zu	006	Verständnis für diese Industrie und
007		finanzieren. Dafür gab es mehrere	007	den Gründern sowohl Sicherheiten
008		Gründe. Zum einen hatten die	008	zur Kreditabsicherung fehlten als
009		Unternehmensgründer ja außer	009	auch betriebswirtschaftliches Know-
010		guten Ideen, die bei der Bank aber	010	how.
011		niemand verstanden hat, nichts		
012		vorzuweisen. Sicherheiten, die		
013		man üblicherweise für Kredite		
014		haben muss, konnten die meisten		
015		Gründer ja nicht vorweisen. Ein		
016		anderer Aspekt ist, dass es sich bei		
017		den Biotechunternehmern der		
018		ersten Stunde ja um		
019		Wissenschaftler handelte, denen		
020		zumeist jedes		
021		betriebswirtschaftliche Know-how		
022		fehlte. Das hat dann Bankvorstände		
023		ganz besonders nervös gemacht.		

Abb. 4.1 Transkription und Paraphrase im Vergleich. (Quelle: Eigene Darstellung)

sollten aber zwingend chronologisch paraphrasiert werden, weil sonst der Zusammenhang der Expertenaussage unter Umständen nicht mehr erkennbar ist. Abbildung 4.1 stellt Transkription und Paraphrase einer Interviewaussage gegenüber. Es zeigt sich, dass der Umfang des Materials signifikant reduziert werden kann, ohne dass wesentliche Informationen verlorengehen.

Grundsätzlich gibt es auch zur Transkription von Experteninterviews bislang keine eindeutigen Verfahrensvorschriften. Man wird aber davon ausgehen können, dass für politikwissenschaftliche Experteninterviews eine orthographisch aufbearbeitete Fassung mit Hinweisen zu Phasen, in denen der Gesprächspartner gezögert oder überlegt hat oder in denen er besondere Zustimmung oder Ablehnung betont hat, in der Regel völlig ausreichend ist. Daneben gibt es aber zumindest einige Grundregeln, die man bei diesem Arbeitsschritt berücksichtigen sollte.

Insbesondere sollten unbedingt jene Passagen des Interviews gekennzeichnet werden, die in der Tonbandaufnahme, aus welchen Gründen auch immer, akustisch unverständlich sind. Dies ist in der späteren Analyse wichtig, damit man erkennt, dass es in Bezug auf eine bestimmte Information eine längere Argumentation seitens des Experten gab, die uns für die Analyse aber nicht mehr zur Verfügung steht. Ferner muss bei der Transkription unbedingt darauf geachtet werden, dass Passagen, für die man mit dem Experten Vertraulichkeit vereinbart hat, nicht in die Transkription aufgenommen werden oder zumindest als vertrauliche Informationen gekennzeichnet werden. Unterlässt man diesen Schritt an dieser Stelle, besteht die große Gefahr, dass entsprechende Informationen im weiteren Analyseprozess nicht mehr als vertraulich erkannt und entsprechend behandelt werden.

Grundregeln für die Transkription von Experteninterviews

- Transkribiert werden immer Fragen und Antworten, deutlich zu unterscheiden durch Kodierungen wie I: (Interviewer) und B: (Befragter) und ggf. noch durch kursive Darstellung der Frage oder Antwort verstärkt.
- Antwortpassagen, die nicht deutlich zu verstehen sind oder aus anderen Gründen nur unvollständig transkribiert werden konnten, müssen deutlich gekennzeichnet werden. („Unverständlich")
- Angaben, die Rückschlüsse auf die befragte Person zulassen, werden im Falle der Vereinbarung von Vertraulichkeit anonymisiert, Angaben zu Rückschlüssen auf Dritte sollten grundsätzlich anonymisiert werden, wenn entsprechende Daten nicht zum Verständnis der Aussagen unbedingt verfügbar sein müssen.
- Bei Transkription mittels Textverarbeitungsprogrammen sollte mit großzügigem Seitenrand formatiert werden, damit anschließend die Möglichkeit der Einfügung von Kommentaren und Hinweisen besteht.
- Alle Zeilen der Transkription sollten nummeriert werden, damit einzelne Passagen leichter wiederzufinden sind und eindeutig belegt werden können.

4.2 Die Kodierung des Textmaterials

Mit der Fertigstellung von Transkription, Paraphrasen oder einem Gedächtnisprotoll liegen uns alle Experteninterviews in Textform vor. Dies kann, abhängig von der gewählten Form der Sicherung und je nach Dauer und Anzahl der durchgeführten Interviews, eine zunächst durchaus umfassende Materialsammlung sein. So wird man davon ausgehen müssen, dass die vollständige Transkription eines zweistündigen Interviews sicherlich 25–30 DIN-A4 Seiten füllen wird. Selbst bei einer vollständigen Paraphrasierung werden immer noch ca. 10 Seiten pro Interview zusammenkommen. Und selbst ein ausführliches Gedächtnisprotokoll über ein derart langes Interview wird den Umfang von 3–5 Seiten haben. Welche Form der Sicherung letztlich auch gewählt wurde, es sind mindestens zwei Gründe, die dafür sprechen, dieses Volumen zu reduzieren.

Erstens wollen wir uns in diesem nächsten Arbeitsschritt überhaupt erst einmal einen Überblick verschaffen, welche Informationen die Experteninterviews erbracht haben. Dafür ist es notwendig, ein Instrumentarium zu entwickeln, das es uns erlaubt, die Interviewteile, die offenkundig keinen Beitrag zur Beantwortung unserer Fragestellung leisten, zu eliminieren. Die Reduktion des Textumfangs ist hier insofern nur ein willkommener Nebeneffekt, da es uns primär um eine Bewertung der inhaltlichen Qualität des Materials geht. Zweitens bietet uns diese Durchsicht des Materials die Chance zu überprüfen, inwieweit unsere bisherigen Untersuchungskategorien, die wir im Prozess der Operationalisierung der Forschungsfrage entwickelt haben, bereits ausreichen, um die Interviewaussagen tatsächlich systematisch zuzuordnen. In diesem Prozess wird man immer wieder feststellen, dass bereits existente Kategorien in der Regel nicht ausreichen. Die Antwort darauf ist allerdings nicht, alle betreffenden Informationen als irrelevant zu betrachten. Vielmehr gebietet es das Prinzip der Offenheit der qualitativen Inhaltsanalyse, dass wir in diesen Fällen neue Kategorien unmittelbar aus dem vorgefundenen Material entwickeln.

Diese Vorgehensweise bezeichnen wir an dieser Stelle als „Kodierung“, wohl wissend, dass dieser Begriff mit der Gefahr verbunden ist, anders interpretiert zu werden als an dieser Stelle intendiert. Unter Kodierung wird in der qualitativen Sozialforschung gemeinhin verstanden, dass man einer Erklärungsvariablen eine spezifische Ausprägung zuschreibt (vorhanden/nicht vorhanden/teilweise vorhanden, etc.). Ein solches Vorgehen wird uns im weiteren Verlauf auch noch beschäftigen. An dieser Stelle kodieren wir lediglich mit dem Ziel, alle als relevant eingestuften Passagen eines Interviews mit Hinweisen zu versehen, die bereits eine theoretische Qualität besitzen. Wir markieren die Textpassagen insofern also nicht als wichtig oder unwichtig, sondern „indexieren“ das Textmaterial unter Zuhilfenahme konzeptioneller Kategorien.

Diese Vorgehensweise hat im Wesentlichen denselben Hintergrund, den Meuser und Nagel in ihrem inhaltsanalytischen Modell als Verdichtung mittels Überschriften bezeichnen (2005, S. 85). Ein signifikanter Unterschied besteht allerdings darin, dass die Autoren ihre Überschriften ausschließlich unmittelbar aus dem Text generieren und an dieser Stelle noch keinen Bezug zu konzeptionellen Kategorien herstellen. Eine solche Vorgehensweise hat Vor- und Nachteile. Der Vorteil liegt sicherlich darin, dass textnahe Überschriften dem Grundsatz der Offenheit der Analyse noch stärker gerecht werden als dies bei kategorialen Kodes der Fall sein kann. Als Nachteil wird man jedoch sehen müssen, dass diese Überschriften spätestens bei der vergleichenden Gegenüberstellung mehrerer Interviewtranskripte oder Paraphrasen vereinheitlicht werden müssen, um themengleiche Passagen auch tatsächlich zuordnen zu können. Dies dürfte ohne einen zumindest impliziten konzeptionellen Hintergrund kaum möglich sein. Ein weiterer Nachteil besteht in der Gefahr, dass Interviewpartner ja unter Umständen selbst in ihren Stellungnahmen sozialwissenschaftliche Begrifflichkeiten oder Konzepte verarbeiten. Diese als Überschriften zu übernehmen kann problematisch sein, weil die Nutzung solcher Begrifflichkeiten durch den Experten nicht unserer, bzw. der tatsächlichen (aktuellen) fachwissenschaftlichen Diskussion entsprechen muss (Meuser und Nagel 2005, S. 87). Insofern erscheinen mir bei der reinen textnahen Strukturierung die Nachteile gegenüber den Vorteilen zu überwiegen. Deshalb spricht vieles dafür, überall dort, wo bereits existierende Kategorien die Aussagen des Experten nicht ausreichend bestimmen, tatsächlich solche textnahen Kodierungen zu verwenden, die dann allerdings in einem späteren Arbeitsschritt noch in konzeptionelle Kategorien überführt werden müssen.

Während folglich Meuser und Nagel für den Arbeitsschritt der Verdichtung bzw. der Zusammenfassung eine Anbindung an theoretische Konzepte ablehnen, wird dies im inhaltsanalytischen Modell von Gläser und Laudel explizit gefordert (2006, S. 198). Sie gehen davon aus, dass gerade durch die Nutzung konzeptioneller Kategorien die theoretischen Vorüberlegungen des Forschungsprojekts während des gesamten Analyseverfahrens Berücksichtigung finden. Dieses plausible Argument deckt sich mit der Intention der kategorialen Kodierung wie sie hier vorgeschlagen wird. Auch Gläser und Laudel sehen explizit vor, dass das Kategoriensystem im Laufe dieses Prozess ergänzt werden kann und somit ein akzeptabler Kompromiss zwischen Offenheit und theoriegeleiteter Analyse etabliert ist.

Bevor die Kodierung des Materials aber tatsächlich erfolgen kann, müssen einige methodische Vorüberlegungen angestellt werden. Wir müssen festlegen, welches Material überhaupt ausgewertet werden soll, wie die Analyseeinheit zu bestimmen ist, die kodiert werden soll und welche Kategorien, die wir in der Phase der Entwicklung des Leitfadens gebildet haben, am besten für diese Kodierung geeignet sind. Hinsichtlich der Festlegung des Materials wird man intuitiv davon ausgehen, dass natürlich alle Transkripte in die Auswertung einfließen. Dies sollte im Idealfall natürlich auch so sein. Allerdings wurden unter Umständen gar nicht alle Interviews transkribiert, weil sie von vornherein als misslungen eingestuft werden konnten. Andere Interviews wurden womöglich nur teilweise in Form eines Transkripts, teilweise durch Paraphrasierung gesichert, während wiederum andere, aus welchen Gründen auch immer, nur in Form eines Gedächtnisprotokolls vorliegen. Der große Vorzug der hier vorgeschlagenen Kodierung liegt nun vor allem darin, dass diese Vorgehensweise auf alle Sicherungsformen anwendbar ist. Auch das Gedächtnisprotokoll kann nach diesem Verfahren indexiert werden, wenngleich dem Forscher natürlich stets bewusst sein muss, dass er sich in diesem Fall bereits nicht mehr auf der Ebene der Wirklichkeitswahrnehmung des Experten bewegt, weil das Gedächtnisprotokoll bereits eine interpretative Zusammenfassung des Interviews durch den Forscher darstellt.

Mit der Festlegung der Analyseeinheit definieren wir den Umfang einer Passage eines Interviews, für den wir jeweils eine Kodierung vornehmen wollen. Dies könnten einzelne Sätze, Absätze oder Abschnitte des Texts sein. Auf der Basis von Erfahrungswerten kann man diesbezüglich die Empfehlung aussprechen, dass einzelne Sätze meist zu wenig Information enthalten, um sinnvoll kodiert zu werden, während für ganze Abschnitte die Kodierung leicht zu unscharf wird. Insofern spricht vieles dafür auf der Ebene von Absätzen zu kodieren, wobei während der Transkription darauf geachtet werden sollte, dass entweder jede Antwort einen Absatz darstellt oder – bei längeren Antworten – eine Absatztrennung immer dann vorgenommen wird, wenn der Experte erkennbar einen neuen Gedanken einführt.

Schließlich müssen wir bestimmen, welche konzeptionellen Kategorien, die wir zuvor erarbeitet haben, zur kategorialen Kodierung geeignet sind. Wir hatten im Verlauf der Beschreibung des Prozesses der Operationalisierung von Forschungsfragen zu Interviewfragen zwei Zwischenschritte eingelegt, indem wir zunächst Analysedimensionen und daraus folgend Fragenkomplexe definiert hatten. Unter der Voraussetzung, dass das Experteninterview relativ gut entlang des Interviewleitfadens gesteuert werden konnte, müssen wir davon ausgehen, dass die Analysedimensionen für die Kodierung noch zu abstrakt formuliert sind und die jeweilige zu kodierende Untersuchungseinheit noch nicht ausreichend beschreibt. Anders verhält es sich jedoch mit unseren Fragenkomplexen. Auch diese waren aus der Rezeption der relevanten Forschungsliteratur oder doch zumindest durch konzeptionelle Überlegungen entstanden und erfüllen damit die Anforderung an eine theoriegeleitete Vorgehensweise. Sie sind im Unterschied zu den Analysedimensionen aber ausreichend spezifiziert, sodass sie eine sinnvolle Kodierung erlauben. In ihnen selbst sind aber noch keine möglichen Ausprägungen der Erklärungsfaktoren enthalten, so dass wir im Zuge der Kodierung noch keine vorgezogene Interpretation vornehmen. Abbildung 4.2 zeigt auf der Basis unseres Beispiels der Finanzierungsproblematik junger Biotechnologieunternehmen wie eine solche kategoriale Kodierung vorgenommen werden kann. Wir hatten in Kap. 3.1 aus der entsprechenden Analysedimension u. a. drei Fragenkomplexe abgeleitet: die institutionelle Konfiguration des Finanzsystems, die Modi der Innovationfinanzierung und die Verfügbarkeit von Wagniskapital.

Diese Kategorien dienen uns nun folglich zur Kodierung. In unserem Beispiel konnten drei der zuvor entwickelten Kategorien eindeutig auf Interviewaussagen des Experten bezogen werden. In zwei weiteren Fällen war dies allerdings nicht möglich. Hinsichtlich der fehlenden betriebswirtschaftlichen Kenntnisse der Unternehmensgründer war in den konzeptionellen Vorarbeiten der Untersuchung keine entsprechende Beobachtungsdimension berücksichtigt worden, weil das Untersuchungskonzept zunächst primär auf die Ausgestaltung des institutionellen Umfelds der Unternehmen fokussierte und sich insofern weniger mit „innerbetrieblichen" Bedingungen befasst hatte. Der Hinweis auf das Scheitern der Deutschen Wagnisfinanzierungsgesellschaft ließ

I:	*Welche Bedeutung haben aus ihrer Sicht traditionelle Geschäftsbanken in der Finanzierung junger Biotechnologieunternehmen?*		
B:	Damit sprechen Sie natürlich einen ganz wunden Punkt an. Grundsätzlich muss man schon sagen, dass insbesondere unsere Banken wenig interessiert daran waren, solche Unternehmen zu finanzieren. Dafür gab es mehrere Gründe. Zum einen hatten die Unternehmensgründer ja außer guten Ideen, die bei der Bank aber niemand verstanden hat, nichts vorzuweisen. Sicherheiten, die man üblicherweise für Kredite haben muss, konnten die meisten Gründer ja nicht vorweisen.		Institutionelle Konfiguration des Finanzsystem
	Ein anderer Aspekt ist, dass es sich bei den Biotechunternehmern der ersten Stunde ja um Wissenschaftler handelte, denen zumeist jedes betriebswirtschaftliche Know-how fehlte. Das hat dann Bankvorstände ganz besonders nervös gemacht.		Fehlende betriebswirtschaftliche Kenntnisse der Unternehmensgründer
I:	*Welche Finanzierungsquellen dominieren heute in Deutschland in der Frühphase der Gründung von Biotechnologieunternehmen?*		
B:	Das lässt sich so eindeutig gar nicht beantworten. Eine nicht unerhebliche Zahl von Unternehmen startet allein mit staatlichen Fördermitteln. Deutlich weniger junge Unternehmen haben bereits Zugang zu Wagniskapital.		Modi der Innovationsfinanzierung
	Das liegt auch daran, dass der größte Teil des Venture Capital von ausländischen Investoren stammt und dadurch nicht ausreichend verfügbar ist. In Deutschland ist man da immer noch sehr zurückhaltend.		Verfügbarkeit von Venture Capital
	Da mag das Fiasko der Deutschen Wagnisfinanzierungsgesellschaft in den 80er Jahren bis heute nachwirken.		Fiasko der Wagnisfinanzierungsgesellschaft

Abb. 4.2 Die kategoriale Kodierung von Interviewtexten. (Quelle: Eigene Darstellung)

sich in diesem ersten Durchlauf zumindest nicht eindeutig der institutionellen Konfiguration des Finanzsystems zuordnen, weil es diese Gesellschaft zum Zeitpunkt der Untersuchung nicht mehr gab und sie insofern nicht mehr Teil der aktuellen Akteurskonstellation im deutschen Finanzsystem gewesen ist. In beiden Fällen werden folglich zunächst textnahe Kategorien gebildet, deren theoretische Relevanz zu einem späteren Zeitpunkt der Analyse bewertet werden muss.

Zentrale Vorentscheidungen zur kategorialen Kodierung

- **Festlegung des Umfangs des zu analysierenden Materials**: welche Interviews sollen mit welcher Methode der Sicherung in Textform überführt werden oder existieren zum Zeitpunkt der Analyse ohnehin nur als Gedächtnisprotoll.
- **Festlegung der Analyseeinheit**: Auf welcher Ebene sollen Kodierungen vorgenommen werden. In Frage kommen im Prinzip einzelne Sätze, Absätze oder Abschnitte. Häufig ist die Wahl eines Absatzes der jeweils eine vollständige Aussage des Experten umfasst, die geeignete Wahl.
- **Festlegung der Kategorien mittels derer kodiert werden soll**: zu achten ist hier insbesondere darauf, das die Kategorien ausreichend konkret formuliert sind, aber noch keine Festlegung von Merkmalsausprägungen beinhalten sollten.

4.3 Die Zusammenführung von Interviews und die Identifikation der Kernaussagen

Die so kodierten Texte erlauben es nun, drei weitere Teilschritte der Inhaltsanalyse zu unternehmen.

So können wir, erstens, auf der Basis der kategorialen Kodierung erkennen, an welchen Stellen innerhalb der Transkription eines Interviews sich Stellungnahmen des Experten befinden, die thematisch zusammengehören. Diese werden an dieser Stelle nun auch unter den genannten Kategorien zusammengefasst, so dass mit diesem Arbeitsschritt die Chronologie des ursprünglichen Interviews aufgegeben wird. Bei diesem Vorgang behalten wir aber die ursprünglichen Zeilennummern, mit denen die Aussagen in der Transkription gekennzeichnet waren, unbedingt bei. Auf diese Weise kann bei späteren Unklarheiten über den Kontext, in dem die jeweiligen Aussagen getroffen wurden, jederzeit wieder auf die chronologische Darstellung zurückgegriffen werden.

Wurde diese Aufgabe erfolgreich absolviert, kann nunmehr entschieden werden, welche der Aussagen für die weitere Analyse noch relevant sind. Stellen sie lediglich Doppelungen bereits existierender Darstellungen von Sachverhalten dar, können die redundanten Aussage gestrichen werden. Insofern führt auch dieser Arbeitsschritt zu einer weiteren Reduktion des Ausgangsmaterials, ohne dass dabei wichtige Inhalte des Experteninterviews verloren gehen. Kategorien, die wir im vorangegangen Arbeitsschritt erst am Text entwickelt haben, bleiben in dieser Phase noch erhalten und werden (sofern wir sie nicht mehrfach vergeben haben) nicht zusammengefasst.

Am Beispiel unserer Beobachtungskategorie „Institutionelle Konfiguration des Finanzsystems“ zeigt Abb. 4.3 den nun erreichten Arbeitsfortschritt. Es wurden folglich innerhalb dieses Interviews noch zwei zusätzliche Textstellen identifiziert, die bei der ersten Durchsicht mittels der genannten Kategorie kodiert worden waren. Davon wurde eine als redundant bewertet und gestrichen. Zwar stellt sie eine besonders pointierte Bewertung der Defizite des deutschen Finanzsystems in der Frühfinanzierungsphase junger Biotechnologieunternehmen dar, sie liefert aber thematisch keinen informationellen Mehrwert. Die Aussage spielt damit im weiteren Verlauf der Analyse auch keine Rolle mehr. Sollte sich in diesem Arbeitsschritt allerdings erweisen, dass unter den gewählten Kategorien in nur geringem Umfang Inhalte aus verschiedenen Interviews zusammengefasst werden

Kategorie:		Institutionelle Konfiguration des Finanzsystems			Interview: D-F-02
001	B:	Damit sprechen Sie natürlich einen	145	B:	Es ist für Sie sicherlich von
002		ganz wunden Punkt an.	146		Interesse, dass sich in vielen
003		Grundsätzlich muss man schon	147		Staaten sehr spezifische
004		sagen, dass insbesondere unsere	148		Finanzierungsformen für die
005		Banken wenig interessiert daran	149		Biotechnologieindustrie
006		waren, solche Unternehmen zu	150		entwickelt haben. In den USA
007		finanzieren. Dafür gab es mehrere	151		dominiert natürlich ganz klar
008		Gründe. Zum einen hatten die	152		die Wagniskapitalfinanzierung.
009		Unternehmensgründer ja außer	153		Und in dem Zusammenhang ist
010		guten Ideen, die bei der Bank aber	154		es schon bemerkenswert, dass
011		niemand verstanden hat, nichts	155		deutschen Banken auf dem
012		vorzuweisen. Sicherheiten, die	156		amerikanischen Markt auch
013		man üblicherweise für Kredite	157		kräftig mitmischen.
014		haben muss, konnten die meisten			
015		Gründer ja nicht vorweisen.			
093		~~Es ist natürlich ein Irrsinn,~~			
094		~~gründungswillige Biotech-Forscher~~			
095		~~nach Sicherheiten für einen~~			
096		~~Existenzgründungskredit zu~~			
097		~~fragen.~~			

Abb. 4.3 Die Zusammenführung themengleicher Textpassagen innerhalb eines Interviews. (Quelle: Eigene Darstellung)

können, müssen die Kategorien überarbeitet werden. Denn die Zusammenfügung von Informationen aus der Gesamtzahl der durchgeführten Interviews ist ein zentraler Analysefortschritt ohne den wir nicht in die nächste Phase eintreten können. Eine Ursache dafür, dass die gewählten Kategorien an dieser Stelle ihre Funktion nicht erfüllen, könnte vor allem daran liegen, dass sie bereits zu konkrete Beobachtungsanweisungen enthalten, die so nicht für jeden Experten aus seiner subjektiven Wahrnehmung relevant waren und dadurch im Interview auch nicht thematisiert wurden. Infolgedessen müssten die Kategorien abstrakter formuliert werden.

Jedes unserer Interviews liegt zu diesem Zeitpunkt also kategorial strukturiert und verdichtet (gemeint ist, um redundante Stellungnahmen sowie um Aussagen ohne erkennbaren relevanten Informationsgehalt gekürzt) vor. Auf dieser Basis können wir nun, zweitens, die Informationen aus allen Interviews, Kategorie für Kategorie, zusammenführen.

Mit diesem Schritt wird nun erstmals für den Forscher ersichtlich, in welchem Umfang und mit welcher Wahrnehmungsperspektive einzelne Themen von mehreren Experten angesprochen wurden. An dieser Stelle bekommen wir auch einen ersten systematischen Eindruck davon, ob und inwieweit sich die Informationen und Einschätzungen der Experten decken oder widersprechen. Das in Abb. 4.4 präsentierte Beispiel beschreibt ein durchaus typisches Phänomen bei der Durchführung von Experteninterviews. Zwar widersprechen sich die Aussagen, die wir in den beiden Interviews vorgefunden haben, nicht grundsätzlich, aber sie bieten doch eine unterschiedliche Einschätzungen der Akteurskonstellation im deutschen Finanzsystem, die im weiteren Verlauf der Auswertung und Interpretation wichtig werden wird.

Auf der Basis dieser kategorialen Zusammenfassung aller Experteninterviews ist es, drittens, möglich, deren Kernaussagen zu identifizieren und damit die Ergebnisse der Befragung für die spätere theoriegeleitete Analyse und Interpretation aufzuarbeiten.

Mit diesem Schritt lösen wir uns folglich von der ursprünglichen Datenlage der Interviews, die wir durch Transkription oder anderweitig gesichert hatten. Im Falle paraphrasierter Interviews ist dieser Arbeitsschritt offenkundig weniger aufwendig, weil wir das Datenmaterial ja bereits in einer früheren Phase von den bestehenden Ausschmückungen und Redundanzen befreit hatten. Dies gilt natürlich noch umso mehr für die Sicherung durch ein Gedächtnisprotokoll, da wir in diesem Fall ja unmittelbar im Anschluss an die Interviewsituation jene Aussagen protokolliert hatten, die wir aus der Erinnerung und auf der Basis unserer Notizen als die Kernaussagen wahrgenommen hatten. Diese Differenzierung verweist aber auch noch einmal darauf, welche Unterschiede hinsichtlich der systematischen Vorgehensweise zwischen Transkription und Gedächtnisprotokollen hinsichtlich der Identifikation von Kernaussagen existieren. Letztlich kann

Kategorie: Institutionelle Konfiguration des Finanzsystems					
		Interview: D-F-002	Interview: D-F-001		
001	B:	Damit sprechen Sie natürlich einen	084	B:	Sicherlich ist es zutreffend,
002		ganz wunden Punkt an.	085		dass unsere Großbanken bisher
003		Grundsätzlich muss man schon	086		dieses Geschäftsfeld für sich
004		sagen, dass insbesondere unsere	087		nicht entdeckt haben. Das ist
005		Banken wenig interessiert daran	088		aber nur die halbe Wahrheit.
006		waren, solche Unternehmen zu	089		Vor Ort sieht es teilweise ganz
007		finanzieren. Dafür gab es mehrere	090		anders aus. Die Stadtsparkasse
008		Gründe. Zum einen hatten die	091		XXX, zum Beispiel, hat schon
009		Unternehmensgründer ja außer	092		Anfang der 90er Jahre einen
010		guten Ideen, die bei der Bank aber	093		Wagniskapitalfonds aufgelegt
011		niemand verstanden hat, nichts	094		und damit sehr erfolgreich
012		vorzuweisen. Sicherheiten, die	095		Existenzgründungen finanziert
013		man üblicherweise für Kredite	096		Und zudem drängen ja auch
014		haben muss, konnten die meisten	097		immer mehr internationale
015		Gründer ja nicht vorweisen.	098		Venture Capital Investoren auf
			099		den deutschen Markt.

Abb. 4.4 Die kategoriale Zusammenführung der Interviews. (Quelle: Eigene Darstellung)

folglich nur die Transkription sicherstellen, dass bei einem Experteninterview die für die Analyse relevanten Kernaussagen auf der Basis klar definierter Regeln aus einer vollständigen Sicherung des Originalmaterials extrahiert werden. Schon die Bearbeitung verkürzter Transkriptionen, von Paraphrasierungen und erst recht natürlich eines Gedächtnisprotokolls sind mit interpretativen Entscheidungen des Forschers verbunden, die sich nur sehr bedingt für Dritte intersubjektiv nachvollziehen lassen. Wichtig ist – allerdings erneut nur im Falle der Transkription und der Paraphrasierung – zudem, dass auch bei diesem Arbeitsschritt die Referenz auf die ursprünglichen Interviewdaten erhalten bleibt, damit die Festlegung von Kernaussagen jederzeit noch einmal am Ausgangsmaterial überprüft werden kann. Die Identifikation dieser Kernaussagen nehmen wir weiterhin auf der Ebene der Beobachtungskategorien vor, die wir im ersten Durchlauf der Kodierung verwendet haben (siehe Abb. 4.5).

Kategorie: Institutionelle Konfiguration des Finanzsystems	
Geringes Interesse der Banken an Unternehmensfinanzierungen in der Biotechnologieindustrie aufgrund mangelnden Verständnisses der Eigenarten des Sektors sowie fehlender Sicherheiten bei den Firmengründern.	Interview: D-F-002, Zeilen 001-015
Während sich große Geschäftsbanken bisher kaum an der Unternehmensfinanzierung im Biotechnologiesektor beteiligen, existieren regionale Wagniskapitalfinanzierungen bei öffentlich-rechtlichen Sparkassen auf lokaler Ebene, während zunehmend internationale VC Investoren auf dem deutschen Markt präsent sind.	Interview: D-F-001, Zeilen 084-099

Abb. 4.5 Die Identifikation von Kernaussagen. (Quelle: Eigene Darstellung)

4.4 Erweiterung der Datenbasis

Zu diesem Zeitpunkt haben wir unser Material grundsätzlich soweit verdichtet und strukturiert, dass wir die theoriegeleitete Analyse und Interpretation vornehmen könnten. Allerdings war im Verlaufe der bisherigen Inhaltsanalyse aufgefallen, dass nicht alle Interviewaussagen jenen deduktiven Kategorien zugeordnet werden konnten, die wir in der Phase der Vorbereitung der Datenerhebung entwickelt hatten.

Wenn ein solches Phänomen auftritt, ist dies stets ein wichtiger Hinweis dafür, dass uns für die Analyse und Interpretation der empirischen Ergebnisse unserer Untersuchung noch Daten fehlen. Insofern besteht die Aufgabe an dieser Stelle zunächst darin, unsere Datenbasis zu erweitern.

Dieser Analyseschritt ist im engeren Sinne kein Bestandteil der Inhaltsanalyse selbst, aber ein wesentlicher Aspekt der Optimierung von Expertenbefragungen. Bei der Erweiterung der Datenbasis werden Informationen verdichtet und ergänzt, die auf der Basis der Befragung noch nicht vollständig ermittelt werden konnten. Dies kann beispielsweise durch eine telefonische Nachfrage beim Interviewpartner geschehen, vor allem aber auch durch die Nutzung alternativer methodischer Zugänge. Die Erweiterung der Datenbasis erfolgt zumeist mit der Zielsetzung, für eine Interviewaussage eine Plausibilisierung durch eine „zweite Quelle“ zu erhalten.

Dieser Schritt wird in vielen anderen inhaltsanalytischen Verfahren in dieser Weise nicht vorgesehen. Dies liegt primär daran, dass solche Untersuchungen nur Inhaltsanalysen durchführen und insofern auch nur das Ursprungsmaterial verarbeiten müssen, für das solche Inhaltsanalysen vorgesehen sind. In der qualitativen Politikforschung sprechen aber, dies hatten wir bereits im ersten Kapitel diskutiert, viele gute Gründe für einen methodenpluralistischen Zugang. Insofern haben wir hier die Möglichkeit, das aus Experteninterviews gewonnene Wissen durch die Recherche weiterer Quellen zu ergänzen und damit eben auch eine grundlegende Beschränkung in der Datenerhebung durch Expertenbefragung auszugleichen, die darin besteht, dass solche Interviews zwar häufig relevante, aber nicht immer vollständigen Informationen bieten.

Insofern unterscheidet sich die hier vorgenommene Erweiterung der Datenbasis grundsätzlich vom Arbeitsschritt der „Explikation“, wie er im inhaltsanalytischen Modell von Mayring vorgeschlagen wird. Dort findet eine Ergänzung von Daten nur zur Sicherstellung des Verständnisses der inhaltlichen Aussage statt, während es uns um die Aufklärung des im Interview angesprochenen Phänomens geht. Wir wollen an dieser Stelle folglich nicht primär die Aussagefähigkeit des durch Interviews gewonnen Datenmaterials erhöhen, sondern wir wollen klären, ob das dort angesprochene, aber nicht vollständig charakterisierte Phänomen für unsere Analyse von weiterer Bedeutung ist oder nicht.

Wir können dies am Beispiel der Interviewaussage über das „Fiasko der Wagnisfinanzierungsgesellschaft“ (vgl. Abb. 4.2) verdeutlichen.

Dieser Hinweis aus einem der Experteninterviews konnte im ersten Durchlauf der Kodierung keiner unserer bisherigen Kategorien zugeordnet werden, insbesondere deshalb, weil zwar eine Aussage über die Wirkungen des Scheiterns dieser Gesellschaft getroffen wurde, jedoch im Interview selbst keine weiteren Daten zum Kontext geliefert wurden. Aus diesem Grund hatten wir zu diesem Zeitpunkt eine „textnahe" Kodierung gewählt, die uns an dieser Stelle aufgibt, durch eine Erweiterung der Datenbasis zu klären, wie wir mit dieser Information in der theoriegeleiteten Analyse und Interpretation verfahren können. Da diese Information originär aus einem Experteninterview stammt, können wir die nun zusätzlich zu erhebenden Daten auch unmittelbar in Verbindung zu dieser Aussage stellen. Hierzu gehen wir in zwei Schritten vor. Zunächst überführen wir (analog zur Darstellung in Abb. 4.5) die Interviewaussage in eine Kernaussage, da wir zu diesem Zeitpunkt zumindest annehmen müssen, dass sie für die weitere Analyse bedeutsam sein könnte. Zusätzlich ergänzen wir an dieser Stelle aber unsere für diesen Aspekt zusätzlich recherchierten Daten.

Im vorliegenden Fall konnte die notwendige Erweiterung der Datenbasis durch eine Literaturrecherche realisiert werden (Abb. 4.6). In einer Fachzeitschrift für das Bankenwesen fand sich ein Artikel, der detaillierte Informationen über den Kontext der Gründung, der Geschäftstätigkeit und der Ursachen des Scheiterns dieses Unternehmens liefert (Büschgen 1985). Dabei lieferte der Artikel eine Reihe von Fakten, die uns im weiteren Verlauf die Zuordnung der ursprünglichen Interviewinformation zu einer unserer deduktiv entwickelten Kategorien erlauben wird. Wichtige Aspekte sind in diesem Zusammenhang, dass die Wagnisfinanzierungsgesellschaft eine Kooperation zwischen der deutschen Bundesregierung und einer größeren Zahl einheimischer Geschäftsbanken gewesen ist, also nach heutiger Lesart ein früher Versuch der Gründung einer Public-Private-Partnership. Ferner erfahren wir, dass ein wesentlicher Grund für das Scheitern des

Kategorie: Fiasko der Wagnisfinanzierungsgesellschaft		
Negative Auswirkungen des Scheiterns der Deutschen Wagnisfinanzierungsgesellschaft in den 80er.	**Interview: D-F-002, Zeilen 038-041**	Die Wagnisfinanzierungsgesellschaft (WFG) wurde im Juni 1975 als eine gemeinsame Initiative von Bundesregierung und 29 deutschen Geschäftsbanken mit einem Grundkapital von zunächst knapp 5 Millionen EUR gegründet, das in den Folgejahren auf etwa 25 Millionen EUR er höht wurde. Die Gesellschaft hatte das Ziel, die Finanzierung junger Technologieunternehmen sicherzustellen, die keine Aussicht auf Zugang zu traditionellen Finanzierungsformen hatten. Allerdings scheiterte diese frühe Form einer Public Private Partnership vornehmlich am Fehlen eines auch Hochtechnologieunternehmen spezialisierten Börsensegmentes als Exit-Option für die Wagniskapitalanbieter. Der WFG gelang es unter diesen Bedingungen in nur sehr begrenztem Umfang, wagniskapitalfinanzierte Unternehmen an die Börse zu bringen. Insgesamt verzeichnete die Gesellschaft von 1975 bis 1984 nur zwei solcher Börsengänge, obwohl sie im jährlichen Mittel mehr als 20 Unternehmen in ihrem Portfolio hatte. Im Jahr 1984 zog sich die Bundesregierung aus der WFG zurück, während die beteiligten Banken entschieden, keine weiteren Investitionen mehr zu tätigen. Für die Bundesregierung war das Engagement in der WFG außerordentlich verlustreich, da sie eine Garantie für die Defizite der Gesellschaft in Höhe von 14,8 Millionen der insgesamt knapp 19,8 Millionen EUR übernommen hatte (Büschgen 1985: 224).

Abb. 4.6 Die Erweiterung der Datenbasis. (Quelle: Eigene Darstellung)

Vorhabens im Fehlen eines auf Unternehmen der Hochtechnologie spezialisierten Börsenmarktes in Deutschland gewesen ist, das – dies zeigen die Erfahrungen aus anderen Ländern – von grundlegender Bedeutung für die Generierung von Rückflüssen von Wagniskapitalanlagen (und Gewinnen) für die Investoren ist.

Wir haben also im vorliegenden Fall nicht nur klären können, was es grundsätzlich mit der Wagnisfinanzierungsgesellschaft auf sich hat. Wichtiger ist, dass wir eine Erklärung dafür gefunden haben, warum der Experte dieses Phänomen als ein Fiasko bewertet, das selbst für die aktuelle Situation noch negative Auswirkungen hat.

Das Ziel der Erweiterung der Datenbasis liegt also vornehmlich darin, einen maximalen Ertrag aus einem methodenpluralistischen Forschungsdesign zu ziehen. Auch wenn es sich hierbei nicht um eine Technik der Inhaltsanalyse handelt, so wird doch deutlich, dass wir mit diesem Arbeitsschritt die Qualität derselben beträchtlich steigern können, weil wir damit nicht nur, wie eingangs angesprochen, die Schwächen und Fehlerquellen einzelner Untersuchungsmethoden neutralisiert haben, sondern vielmehr durch ihre Kombination den wissenschaftlichen Ertrag gesteigert haben. Denn vor dem Hintergrund der erheblichen staatlichen Investitionen in die Bereitstellung von Wagniskapital für die deutsche Biotechnologieindustrie in den 1990er Jahren bietet uns das Scheitern der Wagnisfinanzierungsgesellschaft zumindest einen Erklärungsansatz dafür, warum die staatliche Innovationspolitik „beim zweiten Versuch" andere Instrumente gewählt hat. Wir kommen hierauf im letzten Teil dieses Kapitels zurück.

4.5 Theoriegeleitete Analyse und Interpretation

Grundsätzlich werden in dieser abschließenden Phase der Analyse die Kernaussagen der Experteninterviews sowie die aus anderen methodischen Zugängen gewonnenen ergänzenden Daten im Lichte der theoretischen Bezüge des Forschungsvorhabens analysiert und interpretiert. Wir haben es an dieser Stelle folglich nochmals mit zwei Schritten zu tun, die unterschiedliche Zielsetzungen haben.

Bei der theoriegeleiteten Analyse geht es zunächst darum, unsere bisherigen Analysekategorien theoriebezogen fortzuentwickeln. Wir hatten im Prozess der Entwicklung des Interviewleitfadens zunächst festgelegt, was wir beobachten wollen (Analysedimensionen). Daraufhin wurde entschieden, wie wir beobachten wollen (Fragenkomplexe). Ferner hatten wir diese Festlegungen als analytische Kategorien für die Kodierung unserer Interviews übernommen. Im letzten Schritt der Analyse muss es nun darum gehen, unsere Beobachtungen in Bezug zu relevanten politikwissenschaftlichen Konzepten zu setzen. Dies bedeutet nun konkret, dass wir auf der Basis der Informationen aus den Experteninterviews den Versuch unternehmen müssen, das was wir beobachtet haben, in disziplinäre Begriffe und Konzepte zu übersetzen. Damit erfüllen wir die zweite Anforderung an eine theoriegeleitete Analyse, die nicht nur die Operationalisierung der Forschungsfrage unter theoretischen Prämissen voraussetzt, sondern insbesondere auch die Rückbindung der Ergebnisse an diese theoretischen Kontexte.

Wir können dies noch einmal am Beispiel unserer Analysekategorie „Institutionelle Konfiguration des Finanzsystems" verdeutlichen. Hier hatten wir bereits (siehe Abb. 4.5) Kernaussagen formuliert, die wir dieser Kategorie zuordnen konnten. Ferner hatten wir die Kategorie „Fiasko der Wagnisfinanzierungsgesellschaft" mittels Verbreiterung unserer Datenbasis soweit näher bestimmt, dass wir feststellen konnten, dass sich dahinter eine – wenn auch wenig erfolgreiche – institutionelle Lösung für ein typisches Ressourcenproblem für junge Technologieunternehmen verbirgt. Insofern kann auch diese Beobachtung der erstgenannten Analysekategorie zugeordnet werden.

Für die spätere Interpretation müssen wir allerdings die Aussagekraft und die theoretische Qualität der Kategorie verbessern.

Es gilt folglich zu klären, durch welche spezifischen Merkmale, die in politikwissenschaftlichen Konzepten reflektiert werden, sich eine institutionelle Konfiguration des Finanzsystems näher bestimmen lässt. Und vor allem ist zu klären, wodurch erkennbar wird, ob eine institutionelle Konfiguration eines Subsystems des nationalen Innovationssystems förderliche oder hemmende Wirkungen auf die Generierung von Innovationen entfaltet. Da das Ziel der Untersuchung insgesamt sowohl in der Deskription solcher institutioneller Rahmenbedingungen wie auch in der Identifikation von Kausalzusammenhängen zwischen der Innovationsperformanz und der Leistungsfähigkeit des institutionellen Umfelds lag, muss die Fortentwicklung der Kategorie sowohl beschreibende, wie auch erklärende Elemente enthalten.

Im Ergebnis können wir die drei Kernaussagen, die wir in diesem Zusammenhang beispielhaft betrachtet haben, mehreren unterschiedlichen Sub-Kategorien zuordnen, die jeweils durch Bezug auf relevante politikwissenschaftliche Konzepte nunmehr an theoretischer Qualität gewonnen haben (siehe Abb. 4.7). So haben wir mit einer Kernaussage einen Beleg dafür erhalten, dass in banken-zentrierten Finanzsystemen in Bezug auf die Innovationsfinanzierung im Biotechnologiesektor tatsächlich dysfunktionale Bedingungen herrschen. Während Kredite als Finanzierungsform für Unternehmensgründer in diesem Bereich in der Regel keine Alternative darstellen, haben die Geschäftsbanken zumindest in Deutschland bis zum Zeitpunkt der Erhebung keinen wesentlichen Beitrag zur Bereitstellung von Wagniskapital geleistet. Eine weitere Interviewinformation deutet aber gleichfalls darauf hin, dass sich das Finanzsystem bereits in einem Prozess der funktionalen und akteursbezogenen Ausdifferenzierung befand. Denn Banken haben zumindest auf lokaler Ebenen, wo sie einen engen Kontakt zu den Gründern aufbauen konnten, durchaus Wagniskapitalinitiativen gestartet und somit Alternativen zur traditionellen kreditbasierten Unternehmensfinanzierung entwickelt. Zudem trat mit ausländischen Investoren eine

Kategorie: Institutionelle Konfiguration des Finanzsystems			
Kernaussage	Fundstelle	Erweiterte Datenbasis	Sub-Kategorien
Geringes Interesse der Banken an Unternehmensfinanzierungen in der Biotechnologieindustrie aufgrund mangelnden Verständnisses der Eigenartendes Sektors sowie fehlender Sicherheiten bei den Firmengründern.	Interview: D-F-002, Zeilen 001-015	-	Implikationen eines banken-zentrierten Finanzsystem
Während sich große Geschäftsbanken bisher kaum an der Unternehmensfinanzierung im Biotechnologiesektor beteiligen, existieren regionale Wagniskapitalfinanzierungen bei öffentlich-rechtlichen Sparkassen auf lokaler Ebene, während zunehmend internationale VC Investoren auf dem deutschen Markt präsent sind.	Interview: D-F-001, Zeilen 084-099	-	Funktionale und akteursbezogene Ausdifferenzierung des Finanzsystems → Hybridisierung
Negative Auswirkungen des Scheiterns der Deutschen Wagnisfinanzierungsgesellschaft in den 80er.	Interview: D-F-002, Zeilen 038-041	Die Wagnisfinanzierungsgesellschaft (WFG) wurde im Juni 1975 als eine gemeinsame Initiative von Bundesregierung ...	Institutionelle Ineffizienz, „Politikerbe", „Policy-Learning", Koordinationsprobleme öffentlich-privater Kooperationen

Abb. 4.7 Die Fortentwicklung der Analysekategorien. (Quelle: Eigene Darstellung)

völlig neue Akteursgruppe in diesem Subsystem auf. Dies alles lässt darauf schließen, dass das deutsche Finanzsystem sich zunehmend in ein hybrides Systems entwickelte, das zwar seinen grundlegenden banken-zentrierten Charakter keineswegs eingebüßt hat, aber doch durch neue Finanzierungsformen und neue Marktakteure ergänzt wurde, die üblicherweise in kapitalmarktbasierten Finanzsystemen dominieren.

Der von uns im Nachhinein weitergehend recherchierte Hinweis auf das Scheitern der Wagnisfinanzierungsgesellschaft lässt sich in dreierlei Hinsicht interpretieren. Erstens handelte es sich dabei um ein bemerkenswertes Beispiel institutioneller Ineffizienz, das aus einer nur halbherzigen Reform der Finanzierungsbedingungen im deutschen Finanzmarkt resultierte. Durch den Aufbau dieser Wagnisfinanzierungsgesellschaft wurde zwar ein Angebot an Risikokapital etabliert, nicht aber jene institutionellen Bedingungen geschaffen, unter denen Investoren überhaupt erst bereit sind, solche Investitionen zu leisten. Dies ließe sich insofern in der Terminologie des Konzepts des „Politiklernens" als ein unvollständiger Transfer einer vermeintlich funktionaleren institutionellen Lösung betrachten (Dolowitz und March 2000).

Zweitens kann man dieses Scheitern der Wagnisfinanzierungsgesellschaft in Bezug setzen zu der institutionellen Lösung, die von der deutschen Innovationspolitik in den 1990er Jahren zur Förderung von Risikokapitalinvestitionen etabliert worden ist. Dabei fällt auf, dass dieser erneute Versuch der Bereitstellung staatlicher Anreize für Investitionen in Technologieunternehmen beträchtlich anders strukturiert war.

Durch eine neu gegründete Technologiebeteiligungsgesellschaft (tbg) wurden zwischen 1989 und 2002 drei Programme initiiert, durch die mehr als 370 Mio. € zur Verfügung gestellt wurden, die private Risikokapitalanbieter zur Refinanzierung ihrer Investitionen einsetzen konnten. Solche Investitionen erfolgten in etwa 170 deutsche Biotechnologieunternehmen. Für die Etablierung einer privaten Risikokapitalindustrie entwickelte dabei vor allem das 1995 gestartete Technologiebeteiligungsprogramm (BTU) eine große Bedeutung. Das wesentliche Merkmal dieses Programms lag in dem hierdurch etablierten sog. „Ko-Investormodell". Dabei stellte die tbg eine Investition von höchstens 50 % als stille Beteiligung zur Verfügung, wenn sich ein privater „Lead-Investor" mit mindestens demselben Betrag beteiligte. Während der private Lead-Investor in den ersten Jahren nach der Gründung des Unternehmens auch die Einlage der tbg verwaltete, gewährte die tbg im Gegenzug ein 50-prozentiges Ausfallrisiko für den Fall des Scheiterns des Unternehmens. Mit dieser

Struktur war das Technologiebeteiligungsprogramm vornehmlich für private Wagniskapitalfinanzierer von Interesse, die zu mehr als 50 % aller Investoren am BTU teilnahmen. Die übrigen Investoren waren zu 20 % Beteiligungsgesellschaften von Banken und Sparkassen, zu 14 % private Investoren und zu einem sehr geringen Anteil spezialisierte Fonds oder Unternehmen. Insofern ist offenkundig, dass von Seiten des Bundes ein Modell gewählt wurde, das explizit nicht mehr auf die mehrheitliche Beteiligung der traditionellen Akteure im deutschen Finanzsystem zielte.

Eine solche Strategie kann man unter politikwissenschaftlicher Perspektive mit den Konzepten des „Politikerbes" oder der „institutionellen Pfadabhängigkeit" verknüpfen, die davon ausgehen, dass neue institutionelle Entscheidungen immer zu einem erheblichen Teil durch frühere Weichenstellungen bestimmt werden. Zwar ist in gewissem Ausmaß inkrementeller Wandel möglich, die Weichenstellungen der Vergangenheit lassen aber einen grundlegenden Kurswechsel zumeist nicht zu (Pierson 2000; Ostheim und Schmidt 2007). Insofern wurden zwar die Anreize so neu strukturiert, dass vor allem neue Akteure im deutschen Finanzsystem hiervon Gebrauch machten, die grundlegende staatliche Risikoübernahme für das Programm wurde aber nicht verändert. Und dies vor allem, weil unter den Bedingungen des deutschen Finanzsystems (insbesondere im Hinblick auf die steuerliche Behandlung von Risikokapitalerträgen) die meisten privaten Wagniskapitalinvestoren das Risiko ohne staatliche Absicherung als zu hoch einschätzten.

Und drittens unterstreicht dieses Beispiel die Bedeutung grundlegender Koordinationsprobleme, die von der politikwissenschaftlichen Forschung in verschiedensten Kooperationsformen zwischen öffentlichen und privaten Akteuren identifiziert worden sind. Dazu gehören insbesondere Fragen der Steuerbarkeit von Arrangements mit geteilter Verantwortung, die Frage der nachhaltigen Entlastung öffentlicher Haushalte sowie Fragen der Transparenz und Kontrolle solcher Kooperationsformen (vgl. Strünck und Heinze 2005).

Für die Frage, in welchem Umfang eine theoriegeleitete Analyse und Interpretation von Experteninterviews möglich und notwendig ist, spielt die ursprüngliche Zielsetzung der Befragung eine ganz entscheidende Rolle. Wir haben eingangs zwischen den drei unterschiedlichen Arten von Wissen differenziert und eine Beziehung hergestellt zwischen diesen Wissenstypen und dem Erkenntnisinteresse der Analyse. Bisher haben wir in diesem vierten Kapitel zur Veranschaulichung der einzelnen Arbeitsschritte stets auf die innovationspolitische Untersuchung zurückgegriffen, in der die Beschreibung der relevanten institutionellen Strukturen eine maßgebliche Rolle gespielt hat und in der demzufolge die Abfrage von Kontextwissen bedeutsam war. Insofern verwundert es nicht, dass die Mehrzahl der Kernaussagen aus den durchgeführten Interviews mit vorwiegend institutionalistischen Theorien der Politikwissenschaft in Beziehung gesetzt werden konnten. Diese „Überschneidungen" sind nicht so ohne weiteres zu erwarten, wenn das Forschungsvorhaben in sehr viel stärkerer Weise auf die Erhebung von Betriebswissen abzielt.

Dies war nun in der Untersuchung zur deutsch-französischen Regierungskoordination vor allem im Hinblick auf die Analysedimension der „Akteursinteraktionen" allerdings der Fall. In dieser Dimension sollte untersucht werden, welche Aspekte des interpersonalen Austausches zwischen den verantwortlichen Akteuren auf deutscher und französischer Seite Auswirkungen auf die Koordinationsleistung haben. Insofern ging es hier sehr viel weniger um institutionelle Aspekte als vielmehr um die Frage der Intensität, sowohl im Sinne der Häufigkeit als auch in Bezug auf die inhaltliche Relevanz, der Beziehungen zwischen den relevanten Akteuren. Da im konkreten Untersuchungsfall der mittelfristigen Finanzplanung der Europäischen Union der Blaesheim-Prozess auf der Ebene der nationalen Regierungen keine Bedeutung besaß, richtete sich diese Frage unmittelbar auf die In-

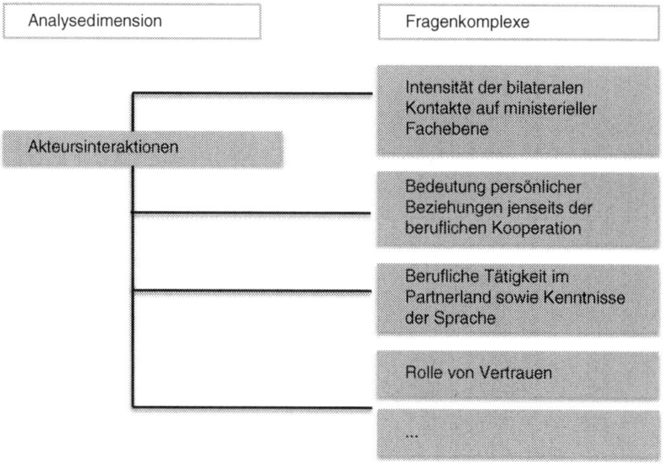

Abb. 4.8 Operationalisierung der Analysedimension „Akteursinteraktionen". (Quelle: Eigene Darstellung)

tensität der Interaktion auf der ministeriellen Fachebene. Dieses Beispiel kann hier nicht mehr in vergleichbarer Tiefe behandelt werden. Aber zumindest soll mit Blick auf einige der Fragenkomplexe, die für diese Analysedimension entwickelt worden sind gezeigt werden, dass der Fokus auf den Typus des Betriebswissens durchaus Auswirkungen hat auf diesen letzten Arbeitsschritt der Inhaltsanalyse (Abb. 4.8).

Wir haben es hier mit Fragenkomplexen zu tun, zu denen es in der Politikwissenschaft nur ein begrenztes Theorieangebot gibt. Dies ist auch leicht nachvollziehbar, weil unsere Fragenkomplexe in der Mehrzahl Interaktionen zwischen individuellen Akteuren, bzw. individuellen Mitgliedern korporativer Akteure, betreffen, mit denen sich diese Disziplin nur in Randbereichen beschäftigt. Dennoch konnten in den Experteninterviews wichtige Informationen über das Innenleben der bilateralen Koordination gewonnen werden.

So wurde etwa deutlich, dass es hinsichtlich die Intensität der bilateralen Koordination (im Sinne der Kontakthäufigkeit) bei den verantwortlichen Akteuren auf der ministeriellen Fachebene keinen quantitativen Unterschied zur Kontakthäufigkeit in der interministeriellen Koordination innerhalb der jeweiligen nationalen Bürokratie gab. Alle Befragten hatte gute bis sehr gute Kenntnisse der Sprache des jeweiligen Partnerlandes, die Mehrzahl der Befragten hatte im Zuge eines Beamtenaustausches mehrere Jahre im „Spiegelministerium" des Partnerlandes gearbeitet. Aus diesem Grund hatten auch viele der Befragten zu Akteuren der jeweils anderen Administration persönliche Kontakte jenseits des beruflichen Wirkens.

Diese Einsichten sind in der Politikwissenschaft bisher sicherlich nicht zufriedenstellend theoretisch bearbeitet worden, sie können aber dennoch für die Interpretation der Koordinationsleistung in den bilateralen deutsch-französischen Beziehungen von erheblicher Bedeutung sein, weil sie eine Erklärung dafür bieten, warum auch in Zeiten wachsender Spannungen zwischen den politischen Führungen der beiden Länder die bilaterale Politikkoordination nicht zum Erliegen gekommen ist. In gewisser Weise produziert sie routinemäßig und wenig beeinflusst von der politischen Stimmungslage gemeinsame Strategieentwürfe, auf die von Seiten der politischen Führungen jederzeit zurückgegriffen werden kann, wenn trotz vielfältiger Meinungsunterschiede und bilateraler Konflikte kurzfristig eine gemeinsame Initiative auf europäischer Ebene notwendig wird.

Damit ist unverkennbar, dass qualitative Expertenbefragungen je nach Art der wissenschaftlichen Fragestellung des Forschungsvorhabens – und insofern auch abhängig vom Wissenstypus der bei der Befragung besonders adressiert wird – ein unterschiedliches Potential zur theoretischen Generalisierung besitzen. Dennoch wird gerade mit dieser theoriegeleiteten Analyse ein wesentlicher Schritt in Richtung auf die Interpretation der Ergebnisse unternommen.

Dies ist folglich nun der zweite und abschließende Schritt, wobei die Grenzen zwischen theoriegeleiteter Analyse und Interpretation fließend sind, sodass man sie zwar konzeptionell trennen kann, sie aber in der Forschungspraxis ineinander übergehen. Grundsätzlich kann man zur Interpretation von Experteninterviews keine allgemein gültigen Hinweise geben. Welche Perspektiven hier entwickelt werden, hängt naturgemäß primär von der Fragestellung des Forschungsvorhabens ab. Sofern diese Interpretation aber auf den hier beschriebenen grundlegenden Arbeitsschritten der Inhaltsanalyse aufgebaut ist, ist in jedem Fall sichergestellt, dass sie den mehrfach angesprochenen Gütekriterien der qualitativen Expertenbefragung genügt.

Sofern die Untersuchung des Weiteren auf einem methodenpluralistischen Forschungsdesign beruhte, nehmen wir an dieser Stelle ohnehin keine isolierte Interpretation der Experteninterviews vor. Vielmehr fließen dann alle Daten aus den unterschiedlichen methodischen Zugängen zusammen und werden mit Blick auf die Forschungsfrage interpretiert. Nur auf dieser Basis können wir die jeweiligen Stärken der einzelnen Zugänge zur Geltung bringen, ihre Schwächen „neutralisieren" und mögliche Fehlerquellen in der empirischen Analyse so weit wie möglich ausschließen.

5 Reflektion: Häufige Probleme und Lösungsansätze

Die vorangegangenen Ausführungen sollten deutlich gemacht haben, dass die Planung, Durchführung und Auswertung von Experteninterviews eine durchaus aufwendige und voraussetzungsvolle Methode in der Feldforschung darstellt, die aus einer Reihe von Arbeitsschritten besteht, die jeweils erhebliches Problempotenzial aufweisen. Abschließend sollen deshalb die grundlegenden Phasen der Expertenbefragung in der Politikwissenschaft noch einmal reflektiert werden und dabei der Versuch unternommen werden, zumindest einige Lösungsansätze für solche Probleme zu skizzieren. Aus der eigenen Forschungspraxis, aber auch aus der Kenntnis zahlreicher Untersuchungen, die sich der Befragung von Experten bedient haben, lassen sich vor allem fünf Problembereiche identifizieren, die sich über alle diese Phasen der Planung und Durchführung von Experteninterviews erstrecken. Die größten Risiken für ein Scheitern einer Expertenbefragung liegen dabei in der Planungsphase und betreffen insofern Arbeitsschritte, die stattfinden, bevor der Forscher überhaupt in einen persönlichen Kontakt mit seinen potentiellen Interviewpartnern kommt. Diese Problembereiche sind insofern auch die gravierendsten, weil sie sich im Laufe der Analyse kaum mehr korrigieren lassen.

5.1 Die unzureichende Begründung der Durchführung von Experteninterviews

Ein erstes, recht häufig auftretendes Problem besteht in der unzureichenden Begründung, warum überhaupt Experteninterviews im Rahmen einer qualitativen Analyse durchgeführt werden sollen. Wir hatten einleitend einige Entwicklungstrends diskutiert, die ganz grundsätzliche Hinweise dazu liefern, warum dieser methodische Zugang in der Analyse von Politik insgesamt an Bedeutung gewinnt. Davon zu unterscheiden ist aber die Begründungspflicht, die für jede Forschungsarbeit grundsätzlich besteht, die eine Expertenbefragung einbeziehen will. Es ist folglich keineswegs so, dass gewisse politikwissenschaftliche Problemstellungen automatisch eine Befragung von Experten erfordern. Eine Notwendigkeit dazu kann sich immer nur ausschließlich aus der eigenen Forschungsfrage ergeben.

In diesem Zusammenhang gibt es durchaus sinnvolle Schritte, die bei der Entscheidung für oder gegen eine Expertenbefragung hilfreich sein können, die aber auch ohnehin zur Begründung der Relevanz der eigenen Forschungsfrage durchgeführt werden müssen. Um diese überhaupt präzisieren zu können, ist die Aufarbeitung des jeweiligen Forschungsstands eine grundlegende Voraussetzung. Was sagt die verfügbare Forschungsliteratur bereits zu dem Problem, dem ich mich in meiner Analyse zuwenden möchte? Wo existieren ggf. Forschungslücken, die ich mit der eigenen Analyse zumindest teilweise schließen kann? Und wie wurde in wissenschaftlichen Untersuchungen, die in meinem Themenfeld durchgeführt worden sind, methodisch vorgegangen?

Dies alles sind Fragen, mit denen man der Einschätzung der Notwendigkeit einer Expertenbefragung näher kommen kann. Forschungslücken könnten, beispielsweise, gerade deshalb existieren, weil für eine weitergehende Untersuchung des Phänomens das Quellen- und Datenmaterial jenseits der Expertenbefragung nicht ausgereicht hat. Existierende empirische Untersuchungen, die sich mit ähnlichen Problemstellungen befasst haben und dazu auf Experteninterviews zurückgegriffen haben, können ein starkes Indiz dafür sein, dass sie auch für die eigene Untersuchung sinnvoll, wenn nicht sogar unverzichtbar sind.

Hat man die Frage nach der Notwendigkeit von Experteninterviews positiv beantwortet ist ferner zu überlegen (und zu begründen), welchen Stellenwert die Befragung für die eigene Untersuchung haben soll. Auch dieser Aspekt berührt ganz wesentlich die Plausibilität des Forschungsdesigns. So können Experteninterviews das hauptsächliche Verfahren der Datenerhebung sein, sie können aber auch eine eher ergänzende und unterstützende Funktion haben. Im ersten Fall muss dargelegt werden, warum für die gewählte Fragestellung vornehmlich auf eine solche Befragung zurückgegriffen werden soll, im zweiten Fall muss präzisiert werden, zu welchen Aspekten der Fragestellung Experteninterviews für sinnvoll erachtet werden. Für beide Begründungsvarianten ist es unumgänglich zu überlegen, über welche Informationen die jeweilig ins Auge gefassten Experten verfügen könnten und warum diese Informationen aller Voraussicht nach mittels alternativer Methoden nicht erhoben werden können.

Wenn auch dieser Aspekt geklärt ist, dann bedarf es für eine ausreichende Begründung einer Expertenbefragung letztlich noch der kritischen Diskussion darüber, welche Implikationen die zuvor diskutierten methodischen Risiken von Experteninterviews für das eigene Forschungsvorhaben besitzen könnten. Es ist vielfach leicht argumentiert, dass Experteninterviews zentral für die eigene Untersuchung sind. Dies bedeutet aber natürlich auch, dass der Erfolg des gesamten Vorhabens von Faktoren abhängig ist, die der Forscher selbst nicht vollständig kontrollieren kann. Insofern sollte durchaus detailliert dargelegt werden, welche Konsequenzen das teilweise oder vollständige Scheitern dieser Befragung für einzelne Aspekte des Projekts haben würde, bzw. gehabt hat.

Wichtige Schritte zur Begründung von Experteninterviews

- **Aufarbeitung des Forschungsstandes**: mit dem Ziel der Ermittlung von „Forschungslücken", bzw. Fällen, auf die eine relevante wissenschaftliche Forschung bisher nicht bezogen wurde.
- **Überprüfung der methodischen Vorgehensweise in Forschungsarbeiten zu ähnlichen Problemstellungen**: hier könnten sich wichtige Hinweise und Begründungen zum Einsatz von Experteninterviews finden.
- **Kritische Diskussion der Potentiale und Risiken von Experteninterviews**: dies ist ein zentraler Bestandteil der Darlegung des eigenen Forschungsdesigns. Eine kritische Diskussion beinhaltet immer auch die Bewertung alternativer methodischer Zugänge.

5.2 Der Mangel an Reflexion über die Art des Wissens, die durch Experteninterviews gewonnen werden soll

Eine Reflexion über den Wissenstypus, der durch die Befragung von Experten vornehmlich erhoben werden soll, ist eine wichtige Voraussetzung zur Einhaltung der Gütekriterien für solche Experteninterviews. Insofern verwundert es schon, dass sich zu diesem Aspekt selten dezidierte Angaben in der Begründung von Experteninterviews finden. Häufig wird unreflektiert davon ausgegangen, dass der potentielle Experte schon über das Wissen verfügen wird, das für die eigene Untersuchung benötigt wird.

Eine Auseinandersetzung mit diesen unterschiedlichen Typen von Wissen ist aber unerlässlich. Dies gilt zunächst mit Blick auf das Gütekriterium der intersubjektiven Nachvollziehbarkeit. Ohne eine Reflexion hinsichtlich unterschiedlicher Wissenstypen ist für Dritte nur bedingt einzuschätzen, ob für die Untersuchung überhaupt die relevanten Experten befragt wurden. Ferner existieren Implikationen hinsichtlich des theoriegeleiteten Vorgehens bei der Befragung, weil davon auszugehen ist, dass wir in der Politikwissenschaft über ein sehr viel breiteres Theorieangebot zu Kontexten und institutionellen Rahmenbedingungen von Politik verfügen, als über die innere Logik von politischen Prozessen. In Bezug auf das Kriterium der Offenheit müssen vor allem Befragungen, die auf Betriebswissen zielen, entsprechende Vorkehrungen in der Planung des Erhebungsinstruments treffen, weil Experten nur unter bestimmten Voraussetzungen bereit sein werden, dieses Betriebswissen preiszugeben.

Ferner muss bedacht werden, dass diese Differenzierung in unterschiedliche Wissenstypen für den Forscher eine konzeptionelle Hilfestellung in der Planung und Durchführung von Experteninterviews ist, dem Experten selbst in der konkreten Interviewsituation aber zumeist nicht bewusst ist. Insofern hat eine Entscheidung des Forschers zugunsten eines speziellen Wissenstypus auch Implikationen für die Anforderungen, die hinsichtlich der Steuerung von Interviewsituationen bestehen. So wird man davon ausgehen müssen, dass sich ein Experte leichter tut, Kontextwissen zu vermitteln, während ihm Betriebswissen im Zweifelsfall entlockt werden muss. Insofern sind hier die unterschiedlichen Fragetypen, die wir im dritten Kapitel diskutiert haben von Bedeutung, weil sie in unterschiedlicher Weise besonders geeignet sind, Betriebs- oder Kontextwissen abzufragen.

Eine zusätzliche Problematik existiert mit Blick auf Deutungswissen. Es ist zwar durchaus möglich, auch diesen Wissenstypus aktiv abzufragen, er wird aber unabhängig davon auch in allen anderen Antworten, die der Experte gibt, zu einem unterschiedlichen Grad transportiert. Es ist insofern Aufgabe der späteren Analyse, Bestände von Deutungswissen in den Stellungnahmen des Experten zu identifizieren, sofern sie denn für die Beantwortung der Fragestellung überhaupt relevant sind.

Diese unterschiedlichen Wissenstypen haben zudem Einfluss auf die Art und Weise der späteren Präsentation der Forschungsergebnisse. Häufig wird die Tatsache, dass Experteninterviews durchgeführt wurden zum Anlass genommen, in der abschließenden Arbeit aus diesen Interview langatmig wörtlich zu zitieren. Und in vielen Fällen geschieht dies offenkundig ohne eine Reflexion über den Erkenntnisgewinn, der damit für den Leser verbunden ist. Diesbezüglich wird man davon ausgehen können, dass bei der Erhebung von Kontextwissen sehr viel weniger Anlass besteht, aus Interviews wörtlich zu zitieren als dies bei Betriebswissen der Fall ist. Bei Kontextwissen lassen sich Interviewdaten ähnlich behandeln, wie Informationen, die man in Dokumenten oder aus anderen Quellen erhoben hat. Anders verhält es sich bei der Generierung von Betriebswissen. Hier können wörtliche Zitate zur Einordnung des Experten und zur Interpretation seiner Informationen und Deutungen durchaus in größerem Umfang angemessen sein, insbesondere auch deshalb, weil es für solche Informationen vielfach keinen alternativen Quellenzugang gibt.

Zu bedenken ist auch, dass typische Risiken, die mit der Durchführung von Experteninterviews verbunden sind, nicht in gleicher Weise bei allen Wissenstypen relevant sind. So kann man davon ausgehen, dass die Neigung eines Experten im Sinne sozialer Erwünschtheit zu antworten, bei Betriebs- und Deutungswissen sehr viel höher ist, als bei Kontextwissen. Dies ist schon deshalb so, weil Kontextwissen sehr viel leichter auf der Basis alternativer Quellenzugänge überprüft werden kann.

Empfehlungen zur Reflexion über unterschiedliche Wissenstypen

- **Begründung der Abfrage unterschiedlicher Wissenstypen in Bezug auf die eigene Fragestellung**: es sollte insbesondere deutlich gemacht werden, welche Gründe vor diesem Hintergrund für die Fokussierung auf einen bestimmten Wissenstypus sprechen.
- **Darlegung der methodischen Konsequenzen der Fokussierung auf einen Wissenstypus**: dies betrifft sowohl die Ausgestaltung

des Erhebungsinstruments als auch die notwendige Diskussion über besondere Risiken der Expertenbefragung zu einem spezifischen Wissenstypus.

- **Reflexion über die geeignete Darstellungsweise von Ergebnissen aus Experteninterviews**: grundsätzlich kann gelten, dass bei der Abfrage von Kontextwissen eine sehr viel geringere Notwendigkeit besteht, aus Experteninterviews wörtlich zu zitieren.
- **Durchführung eines Pre-Tests:** dabei sollte nicht nur überprüft werden, ob die Interviewfragen durch den Experten tatsächlich verstanden werden, sondern auch, ob er auf Fragen, die auf einen bestimmten Wissenstypus zielen, auch entsprechende Antworten gibt.

Für die konkrete Interviewplanung ist der notwendigen Reflexion über die unterschiedlichen Wissenstypen grundsätzlich Genüge getan, wenn in der Darstellung der methodischen Vorgehensweise die Entscheidung zugunsten eines besonderen Wissenstypus begründet wurde und zudem erkennbar wird, dass bei der Entwicklung des Erhebungsinstruments die Eigenarten, die mit diesem Wissenstypus verbunden sind, verarbeitet worden sind. Dies betrifft in erster Linie natürlich die Formulierung der Interviewfragen selbst, deren Eignung zur Erhebung eines speziellen Wissenstypus möglichst durch einen Pre-Test überprüft werden sollte. Dies gilt in besonderer Weise, wenn die Untersuchung auf die Erhebung von Betriebswissen zielt. Dabei kann es hilfreich sein, sich in der Planung von Interviews an die Unterschiedlichkeit von implizitem und explizitem Wissen zu erinnern. Dies ist insofern wichtig, als wir davon ausgehen müssen, dass der Experte zur Darstellung seiner impliziten Wissensbestände deutlich mehr Entfaltungsspielraum in der konkreten Interviewsituation benötigt, als für die Mitteilung von explizitem Wissen. Implizites Wissen entlockt man einem Experten am besten dadurch, dass man ihn bittet, über besonders kritische Momente innerhalb eines Prozesses oder über das Auftreten unerwarteter Konflikte in einer Entscheidungssituation zu berichten. Auch eine solche

Vorgehensweise kann im Rahmen eines Pre-Tests durchaus „ausprobiert“ werden.

5.3 Die Auswahl der „falschen“ Interviewpartner und das Scheitern bei der Akquise der „richtigen“ Interviewpartner

Vielfach lässt sich bei der Planung von Experteninterviews eine gewisse Neigung beobachten, in relevanten Organisationen jene Personen zu kontaktieren, die auf einer möglichst hohen Hierarchiestufe angesiedelt sind. Verbunden ist damit offenbar die Erwartung, diese Persönlichkeiten könnten mit besonderer Autorität und Authentizität über den jeweiligen Untersuchungsgegenstand informieren.

Diese Annahme kann sich allerdings im Nachhinein durchaus als falsch erweisen. Denn häufig wird die Bereitschaft und die Fähigkeit, für den Forschungsprozess relevante Informationen zu geben, bei Repräsentanten höherer Hierarchieebenen überschätzt. Ganz abgesehen davon, dass einer solchen Präferenz nicht selten eine geringe Gewinnungswahrscheinlichkeit gegenüber steht, muss man auch beachten, dass Minister, Staatssekretäre oder Vorstandsmitglieder von Unternehmen in vielen Fällen weit weniger umfänglich in konkrete Verhandlungs- und Entscheidungsprozesse involviert sind, als dass sie en Detail darüber informieren könnten. Demgegenüber zeigt sich aber, dass die Befragung von Experten aus mittleren Hierarchieebenen sehr viel bessere Ergebnisse produziert, auch deshalb, weil dieser Personenkreis zumeist über eine sehr viel längere Erfahrung innerhalb der Organisation verfügt und insofern wichtige Informationen über Kontinuitäten und Veränderungen in Bezug auf die Bearbeitung des zu erforschenden Problembereichs geben kann.

Ein weiteres Problem stellt die häufig unzureichende Recherche hinsichtlich geeigneter Interviewpartner dar. Wir hatten bereits problematisiert, dass selbst in großen Organisationen in der Regel kaum mehr als ein oder zwei Ansprechpartner identifiziert werden können, die tatsächlich mit dem jeweiligen Forschungsgegenstand in der Praxis konfrontiert waren. Dies bedeutet auch, dass – sollte es von Seiten dieser Personen kein Einverständnis zu einem Experteninterview geben – die Befragung anderer Mitglieder der Organisation wenig sinnvoll ist. Zudem wird vielfach der Kreis der in einen Politikprozess involvierten Akteure unterschätzt. Dies liegt natürlich auch daran, dass nicht jede politikwissenschaftliche Forschungsarbeit politische Prozesse über ihren gesamten zeitlichen Verlauf rekonstruieren oder die Entstehung und Entwicklung einer institutionellen Konfiguration seit ihrem Bestehen berücksichtigen kann. Vielfach ist es aber so, dass Untersuchungszeiträume derart kurz gewählt werden, dass selbst einschneidende Entwicklungen der jüngeren Vergangenheit nicht mehr in den Blick genommen werden. Dies führt natürlich auch dazu, dass die Perspektive auf relevante Experten unnötig verengt wird. Dies ist auch deshalb problematisch, weil vielfach ehemals involvierte Akteure, die sich nicht mehr im aktiven Dienst befinden, zumeist sehr viel ungezwungener über das jeweilige Phänomen berichten können.

Nachteilig auf die Bewertung einer Expertenbefragung wird sich sicherlich auch auswirken, dass der Forscher sein Sample im Hinblick auf die eigene Fragestellung nicht nachvollziehbar definiert hat. Wenn beispielsweise die Forschungsfrage auf einen spezifischen gesellschaftlichen oder politischen Konflikt zielt, dann ist es wenig plausibel, wenn Experteninterviews nur mit Repräsentanten einer Konfliktpartei durchgeführt werden. Hierbei geht es nicht so sehr um die Berücksichtigung aller involvierten Akteure, aber doch zumindest um die Einbeziehung aller relevanten Konfliktpositionen.

Einer letztlich wenig ertragreichen Auswahl von Experten kann man im Vorfeld entgegenwirken, indem man schon in der Planungsphase das persönliche Gespräch mit den potentiellen Experten sucht. Dabei ist die Entscheidung über die Art des Erstkontaktes vielfach schon bedeutsam. Wir hatten in dieser Hinsicht schon die Vorzüge unterschiedlichster Kommunikationswege beschrieben. In diesem Zusammenhang gehört es zu den Vorteilen des direkten Gesprächs (möglichst, wie beschrieben, initiiert durch ein vorheriges Anschreiben), dass man hierbei bereits Hintergründe über den tatsächlichen „Expertenstatus" des Gesprächspartners ausloten kann und zudem häufig Hinweise zu weiteren relevanten Persönlichkeiten erhält. Zudem wird der Zugang zu diesen durch den vorherigen Kontakt zumeist erleichtert.

Hat man tatsächlich all jene Experten recherchiert, von denen man verhältnismäßig sicher ist, dass sie die geeigneten Gesprächspartner sind, besteht die nächste problematische Hürde darin, diese auch tatsächlich für das Interview zu gewinnen. Will man an dieser Stelle nicht das Scheitern der gesamten Expertenbefragung riskieren, hilft nur Hartnäckigkeit und Flexibilität. Ohnehin muss man ja davon ausgehen, dass der Forscher im Vergleich zum Experten, die deutlich höheren finanziellen und zeitlichen Ressourcen investieren muss, um die Interviews tatsächlich zu realisieren. Selbst wenn dem Experten dies bewusst ist, ändert es aber zumeist nichts an dem Umstand, dass gewünschte Gesprächspartner über vielfältige Strategien verfügen, das Ansinnen des Forschers abzuwimmeln. So ist etwa der Hinweis des Experten, er „könne zu diesem Thema gar nichts sagen" zwar beliebt, aber zumeist unbegründet. Auch das Argument, man habe sich in der Organisation entschieden, solche Interviews aufgrund der aktuellen Arbeitsbelastung gar nicht mehr zu machen, ist in der Regel nicht zutreffend.

In dieser Situation hilft es nur, dem Experten eindringlich zu erläutern, welche zentrale Rolle dem Interview für die eigene

Analyse zukommt. Diesbezüglich hatten wir bereits argumentiert, dass die Zuschreibung einer Expertenrolle zwar an gewisse Merkmale gebunden ist, sie letztlich aber durch den Forscher selbst auf der Basis der jeweiligen Forschungsfrage vorgenommen wird. Insofern sollte man nicht davor zurückschrecken, die eigene Entscheidung gegenüber dem ausgewählten Experten auch offensiv zu vertreten. Auch das Angebot, weitere Informationen zu übersenden kann gelegentlich helfen. Hierzu ist es sinnvoll, sich darüber Gedanken zu machen, auf welche Weise sich das Interesse des Experten an einer solchen Befragung wecken lassen könnte. So wäre vor allem zu fragen, welche Informationen könnte er selbst aus diesem Interview ziehen, die für ihn in seinem beruflichen Kontext von Nutzen sein könnten. Dies kann ein potentieller Experte natürlich nur einschätzen, wenn er Kenntnis über Ziele, Methoden und Umfang des Forschungsvorhabens hat (Brandl und Klinger 2006). In manchen Fällen stellt sich das Zugangsproblem auch dergestalt dar, dass zunächst Mitarbeiter, Assistenten oder Sekretärinnen „überwunden" werden müssen, um mit dem Experten selbst in Kontakt zu treten. Dies muss nicht unbedingt ein Nachteil sein, wenn es gelingt, diese „Gatekeeper" von der Notwendigkeit des Interviews zu überzeugen. Zumindest kann man diesem Personenkreis zutrauen, dass er deutlich mehr Einfluss auf die Terminplanung des Experten nehmen kann, als dies für den Forscher möglich ist.

Vor allem ist deshalb auch zeitliche und örtliche Flexibilität ein Kernkriterium für die erfolgreiche Akquise von Experteninterviews. Solche kann man notfalls auch an Flughäfen und in Bahnhof-Lounges führen, auch wenn dies sicherlich nicht die optimalen Rahmenbedingungen sind. Zeitliche und örtliche Flexibilität sollten insofern bereits im Vorfeld der Kontaktaufnahme mit Experten abgesichert sein, damit im persönlichen Kontakt möglichst viele Alternativen angeboten werden können.

Hinweise zur Überwindung von Zugangsproblemen bei der Expertenakquise

- **Fundierte Recherche potentieller Interviewpartner**: zentrale Aspekte können hier die Position, der biographische Hintergrund und die Verweildauer des Experten innerhalb der Organisation sein.
- **Persönlicher Kontakt im Vorfeld der Terminvereinbarung**: erleichtert es zumeist, den Experten von der Wichtigkeit des eigenen Anliegens zu überzeugen und führt ggf. auch zu Hinweisen und Unterstützung für die Akquise weiterer Gesprächspartner.
- **Hartnäckigkeit und selbstbewusstes Auftreten**: die Auswahl des Experten wurde durch den Forscher aufgrund konzeptioneller und methodischer Überlegungen vorgenommen. Dies sollte man auch gegenüber dem Gesprächspartner deutlich machen.
- **Örtliche und terminliche Flexibilität**: die qualitative Expertenbefragung ist grundsätzlich ein ressourcenintensives Unterfangen. Hier sollte man den Erfolg nicht durch zu strikte Vorgaben hinsichtlich einer optimalen Terminplanung gefährden.

5.4 Der suboptimale Ertrag aus Experteninterviews

Selbst wenn man alle zuvor beschriebenen Problembereiche zufriedenstellend bearbeitet hat, besteht die Gefahr, dass eine Expertenbefragung einen suboptimaler Ertrag liefert immer noch aus mindestens drei Gründen. Erstens, weil man bei der Interviewplanung den Gesamtaufwand einer solchen Befragung unterschätzt hat und infolgedessen nicht alle notwendigen Schritte oder alle etablierten Regeln des Verfahrens einhalten kann. Zweitens, weil sich die Interviewsituation unerwartet entwickelt hat und man als Forscher nicht mehr in der Lage war, die Befragung angemessen zu steuern. Und drittens, weil die Ergebnisse der Experteninterviews nicht theoriegeleitet ausgewertet und interpretiert wurden. Zu diesem letzten Punkt kommen wir

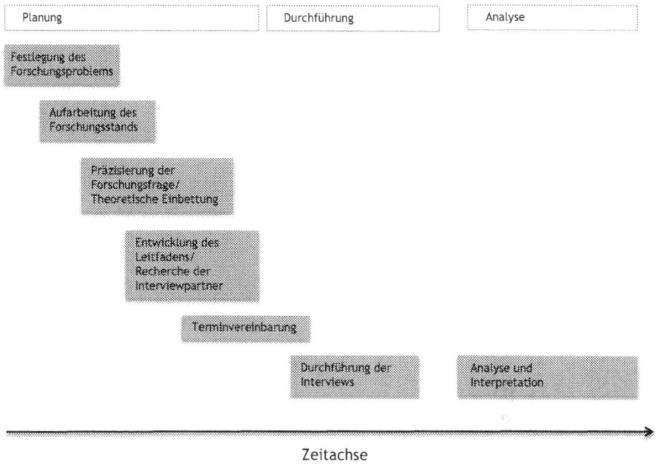

Abb. 5.1 Idealtypischer Prozess einer Expertenbefragung. (Quelle: Eigene Darstellung)

etwas später. Insofern interessieren uns an dieser Stelle zunächst die genannten Planungs- und Durchführungsprobleme.

Der gesamte Prozess der Planung, Durchführung und Auswertung von Experteninterviews besteht, wie wir gesehen haben, aus so vielen einzelnen Schritten, dass im Vorhinein nicht vollständig übersehen werden kann, an welchen Stellen die Einhaltung des Forschungsplans gefährdet sein könnte. Dies setzt zunächst einmal voraus, dass der Forscher überhaupt eine entsprechende Planung unternommen hat. Dies sei an dieser Stelle dringend angeraten. Eine solide Planung einer Expertenbefragung wird die jeweiligen Zeiträume für die Bewältigung der unterschiedlichen Aufgaben großzügig bemessen, zumal nicht alle Schritte – selbst in der Phase der Interviewplanung – tatsächlich parallel angegangen werden können. Abbildung 5.1 zeigt einen solchen idealtypischen Prozess, wobei die Kernaussage darin besteht, dass gerade in der Planungsphase mehrere Prozesse parallel laufen können, diese aber jeweils von der erfolgreichen Absolvierung aller vorherigen Schritte abhängig sind. Die hier gezeigten Arbeitsschritte decken sich nicht mit den zehn Etappen der Expertenbefragung, die wir eingangs genannt und dann im Detail besprochen haben. An dieser Stelle geht es nur darum zu zeigen, dass die Planungsphase aufgrund der in ihr in sehr kompakter Form auftretenden unterschiedlichen Tätigkeiten besonders kritisch ist, während im weiteren Verlauf nur eine Vereinbarung zusätzlicher Interviewtermine die Konzentration auf die Durchführung und Analyse von Experteninterviews „stören" könnte.

Während also in der Planungsphase die Komplexität der Anforderungen das größte Problem darstellt, sind es in der Durchführungs- und Analysephase die einzuplanenden zeitlichen Ressourcen. Grundsätzlich wird man davon ausgehen können, dass die Interviews möglichst in einem engen Zeitfenster geführt werden sollten, weil ansonsten immer wieder die Problemantik entsteht, sich neu auf die Befragung vorbereiten zu müssen. Dies setzt aber voraus, dass man so früh wie möglich in der Planungsphase die Recherche und Kontaktierung der Experten in Angriff nimmt. Die Dauer der Analysephase wird hingegen oftmals unterschätzt. Wir hatten bereits auf die Problematik der notwendigen zeitlichen Ressourcen für Transkription und Inhaltsanalyse hingewiesen. Unterschätzt werden sollte aber vor allem nicht der zeitliche Aufwand, der entstehen kann, wenn in größerem Maße eine Erweiterung der Datenbasis notwendig wird.

Über die Dauer der jeweiligen Phasen kann man keine allgemeingültigen Aussagen treffen. Diese ist, wie so vieles in der Expertenbefragung, in hohem Maße kontextspezifisch. Insbesondere hängt es aber natürlich davon ab, wie viele Experten befragt werden sollen. Deshalb sollte dieser Aspekt bei der Planung der Interviews sorgsam bedacht werden. In vielen Fällen ist es einerseits so, dass durch die Befragung weiterer Experten über eine

Kerngruppe hinaus kein großer informationeller Mehrwert mehr entsteht. Andererseits hatten wir ja zuvor angesprochen, dass sich – abhängig von der Fragestellung der Untersuchung – ein gewisses Sample als naheliegend erweisen könnte.

Aspekte der Planung von Experteninterviews

- **Erstellung eines ausführlichen Projektplans**: er umfasst alle Phasen der Expertenbefragung und definiert ausreichend großzügig bemessene Zeiträume zur Bewältigung der jeweiligen Arbeitsschritte.
- **Planung von Interviewterminen in relativ engem Zeitfenster**: dies erfordert die rechtzeitige Aufnahme der Terminplanung, hilft aber bei der Durchführung der Interviews, da eine kompakte Terminierung die Vorbereitung auf einzelne Interviews erleichtert.
- **Angemessene Anzahl der zu befragenden Experten**: vor dem Hintergrund der zeitlichen Ressourcen, die für die Sicherung und Analyse von Interviewdaten benötigt werden, sollte die Zahl der Interviews so bemessen sein, dass sie vor dem Hintergrund der Fragestellung plausible ist und insofern auch nicht mehr Experten befragt werden als notwendig.

In der konkreten Interviewsituation selbst besteht die grundlegende Gefahr, dass dem Interviewer „das Gespräch aus der Hand gleitet“ und insofern nicht die gewünschten Ergebnisse produziert. Hier hilft neben Erfahrung in der Durchführung solcher Interviews nur die genaue Kenntnis des eigenen Interviewleitfadens. Diese ermöglicht es unter Umständen, selbst in kritischen Phasen des Gesprächs die Steuerung wieder zu übernehmen und damit wenigstens den „Teilerfolg“ der Befragung sicherzustellen. In gewissen Maße lässt sich diese Steuerung im Vorfeld einüben. So kann man sich die Frage stellen, wie ein Experte auf die jeweiligen Fragen antworten könnte und wie man selbst auf diese Situation reagieren würde. Vor allem aber sollte man in der Interviewsituation nicht voreilig steuernd eingreifen, wenn man das Gefühl hat, dass das Interview einen ungünstigen Verlauf nimmt.

Zumindest sollte man dem Gesprächspartner konzedieren, dass er auch eine gewisse Zeit benötigt, um sich in die Befragungssituation einzufinden. Insofern ist die beste Art der Steuerung jene, die von dem Experten nicht als unbegründete Intervention in seine Darstellung wahrgenommen wird.

Häufig wird die Steuerung der Interviewsituation aber gar nicht so sehr durch den Experten als vielmehr durch die „Überforderung" des Interviewers beeinträchtigt. Dies kann mehrere Gründe haben.

Zunächst bedarf es sicherlich einer gewissen Übung, um in der konkreten Interviewsituation einerseits die geforderte Steuerungsleistung zu erbringen und anderseits gleichzeitig die Informationen des Experten so präzise zu erfassen, dass zentrale Aspekte als Notizen gesichert werden können. Denn während der Beantwortung der Frage muss man ja auch die Aufmerksamkeit behalten, um zu entscheiden, mit welcher nächsten eigene Frage man vorangehen möchte. In diesem Zusammenhang sind Gesprächspausen mit einem gewissen Risiko verbunden. Sie können zwar den Experten motivieren, seine letzte Ausführung noch weiter zu begründen. Sie können aber auch zu einer erheblichen Beeinträchtigung der Gesprächsatmosphäre führen.

In diesem Zusammenhang wird in einigen Lehrbüchern der Vorschlag unterbreitet, man möge doch die Interviews mit zwei Forschern durchführen. Dieser auf den ersten Blick naheliegende Vorschlag (sofern dies in der Realität überhaupt möglich ist) bedarf jedoch einer kurzen kritischen Betrachtung. Grundsätzlich richtig ist natürlich, dass eine solche Vorgehensweise zu einer Entlastung des „Hauptinterviewers" führt, der sich nun vollständig auf die Steuerung des Gesprächsverlaufs konzentrieren kann, während der zweite Forscher in einer passiven Rolle verbleibt, die notwendigen Notizen macht und ggf. das technische Setup des Tonbandmitschnitts überwacht. Die Problematik hierbei liegt allerdings darin, dass ein Experte auf die Konfrontation mit zwei

Interviewern sicher anders reagiert, als wenn es sich um ein Vier-Augen-Gespräch handelt. Sollte es insofern die Anlage der Untersuchung erfordern, dass möglichst das Niveau des „ungezwungenen Fachgesprächs“ erreicht wird, in der unser Experte vor allem auch implizites Wissen kommunizieren soll, spricht vieles gegen eine Interviewdurchführung mit zwei Forschern. Alternativ wäre denkbar, dass der zweite Forscher eine aktivere Rolle wahrnimmt und dabei nicht nur protokolliert, sondern aktiv die Szene beobachtet und auch durch eigene Fragen interveniert. Dies setzt aber natürlich zunächst voraus, dass beide Forscher in gleicher Weise in die konzeptionellen und empirischen Besonderheiten des Forschungsvorhabens eingearbeitet sind. Zudem wäre in dieser Situation immer noch im Vorhinein die Frage zu klären, welcher der beiden Forscher für die Steuerung des Interviews zuständig ist. Klar ist aber auch, dass bei einer solchen aktiven Rolle der zweite beteiligte Forscher auch nicht mehr vollständig darauf konzentriert sein kann, zentrale Informationen des Gesprächspartners zu dokumentieren. Insofern spricht letztendlich vieles dafür, solche Experteninterviews allein durchzuführen (vgl. Gläser und Laudel 2006, S. 149 ff.).

Will man als alleiniger Interviewer das Risiko unbeabsichtigter Gesprächspausen vermeiden, ist es hilfreich, wenn man sich zuvor einige Formulierungen zurecht legt, mit denen man den Ball zunächst an den Experten zurückspielt, um selbst die Zeit zu gewinnen, die man benötigt, um wieder konzentriert die Steuerungsleistung erbringen zu können. So ist es in der Regel immer möglich, den Gesprächspartner zu bitten, ob er „dieses Aspekt noch einmal näher erläutern“ könne oder ob er „hierfür ein Beispiel nennen“ könnte.

In diesem Zusammenhang ist es eine umso größere Herausforderung, Experteninterviews im Ausland oder bei Internationalen Organisationen durchzuführen, weil in diesen Fällen die Befragung in der Regel nicht in der eigenen Muttersprache durchgeführt werden kann. Unter solchen Bedingungen wird man häufig derart konzentriert darauf sein, den Interviewverlauf zu optimieren, dass eine gleichzeitige Protokollierung von zentralen Aussagen nicht mehr möglich ist. Deswegen spricht – je nach sprachlicher Kompetenz – vieles dafür, solche Interviews grundsätzlich nur mit Tonbandaufzeichnung durchzuführen, um die Anforderungen an die Protokollierung der Interviewsituation auf ein Minimum reduzieren zu können. Es kann in solchen Fällen auch durchaus hilfreich sein, mit stärker ausformulierten Leitfäden zu operieren, in denen kurze Erklärungen zu einzelnen Fragenkomplexen in der jeweiligen Sprache vermerkt sind. Dies erleichtert es in der konkreten Interviewsituation, dem Experten den Hintergrund einer Frage zu erläutern ohne hier in die Bedrängnis fehlender Vokabelkenntnisse zu kommen.

Letztlich kann sich eine solche „Überforderung" des Interviewers auch dadurch begründen, dass sich „vor Ort" die Bedingungen anders darstellen als man sie sich im Vorfeld vorgestellt hat. Dies kann insbesondere bei Forschern, die noch nicht so viel Felderfahrung sammeln konnten, zu erheblicher Verunsicherung und Nervosität führen. Hat man diese Erfahrungen schon machen dürfen, gibt es kaum ein praktisches Problem, das man nicht schon selbst erlebt hat. Sie werden an der Pförtnerloge oder (der leider immer häufiger anzutreffenden) Sicherheitsschleuse aufgehalten und es besteht die Gefahr, dass sie sich verspäten. Sie sind pünktlich, aber ihr Gesprächspartner sitzt noch in einem kurzfristig anberaumten Meeting. Sie melden sich bei der Sekretärin des Experten an, die aber nichts von dem Termin weiß oder aber, um zu erfreulicheren Erfahrungen zu kommen, ihr Gesprächspartner lädt sie zum Essen ein, weil man doch so das Angenehme mit dem Nützlichen verbinden könnte. Alle diese Begebenheiten kann der Forscher selbst nicht beeinflussen, weshalb der einzige Ratschlag darin besteht, selbst stets (über-)pünktlich zu einem Interviewtermin zu erscheinen und keinesfalls Dokumente zu vergessen, mit denen man sich ausweisen kann. Dies betrifft neben dem Personalausweis vor allem auch Kopien von E-Mails oder Briefen, die den vereinbarten Termin bestätigen.

Hinweise für die Interviewsituation

- **Intensive eigene Vorbereitung**: dies betrifft die genaue Kenntnis des eigenen Leitfadens sowie ggf. die Vorbereitung von Erläuterungspassage in einer Fremdsprache sofern die Interviews im Ausland durchgeführt werden.
- **Kritische Bewertung der Möglichkeit, die Interviews zu zweit durchzuführen**: in der Abwägung der Vor- und Nachteile sollte man sich zu einem solchen Vorgehen nur in gut begründeten Fällen entscheiden.
- **Pünktlichkeit und Mitnahme notwendiger Dokumente**: insbesondere Personalausweis und Bestätigung des Interviewtermins können die Anmeldung/Sicherheitsprüfung erheblich beschleunigen.
- **Flexibilität und Gelassenheit**: vor Ort kann der Forscher die Bedingungen, unter denen das Interview stattfindet, kaum beeinflussen.

Eine besondere Situation, die sich vor Ort ebenfalls einstellen kann, besteht darin, dass Ihr Interviewpartner unerwartet noch ein oder zwei Kollegen mitbringt, die sich seiner Auffassung nach in einzelnen Aspekten der Themenstellung noch besser auskennen. Dies kann sich für die konkrete Interviewsituation als durchaus problematisch herausstellen. Einerseits ist es für den Forscher sehr viel schwieriger, ein Interview mit zwei oder mehr Teilnehmern zu steuern als in der Eins-zu-Eins-Situation. Gravierender ist allerdings die Gefahr, dass sich im Verlauf des Interviews die jeweiligen Gesprächspartner in stärkerer Weise untereinander unterhalten, als die eigentlichen Fragen zu beantworten. Um aus einer solchen Situation den größten Nutzen zu ziehen, muss der Interviewer anhand der jeweiligen Verantwortlichkeiten der Teilnehmer innerhalb der Organisationen spontan entscheiden, welche der eigenen Fragen von welchem der Experten am besten beantwortet werden kann. Davon abgesehen, können aber auch solche „internen" Diskussionen zwischen den Experten für den Forscher mit durchaus interessanten Einsichten verbunden sein.

5.5 Das Fehlen einer theoriegeleiteten Analyse und die Überbewertung von Interviewdaten

Ein letzter hier zu behandelnder Problembereich existiert in Bezug auf die Analyse und die Interpretation von Daten aus der Expertenbefragung. Der Kern des Problems ist insofern schnell umschrieben, als er vornehmlich darin besteht, dass manche (vor allem studentische) Expertenbefragungen die aus Interviews gewonnenen Daten quasi ungefiltert in die Präsentation ihrer Forschungsergebnisse übernehmen. Die eigene Analyseleistung besteht in einem solchen Fall lediglich darin, die vermeintlich wichtigen von den unwichtigen Stellungnahmen zu unterscheiden, ohne dass in den betreffenden Arbeiten ersichtlich würde, nach welchen Kriterien diese Auswahl durchgeführt worden ist. Ein solches Vorgehen wird auch nicht dadurch begründbar, dass im Anhang solcher Arbeiten häufig die Transkriptionen der durchgeführten Interviews aufgeführt sind und sich der Leser auf diese Weise ja selbst kundig machen könnte, in welchem Kontext die als wichtig erachteten Aussagen tatsächlich getroffen worden sind.

Vor diesem Hintergrund muss nochmals betont werden, dass die theoriegeleitete Durchführung von Experteninterviews ein zentrales Gütekriterium ist. Dieser Theoriebezug stellt insbesondere die konzeptionelle Klammer zwischen der Begründung einer Befragung, der Festlegung ihrer wesentlichen Parameter und der späteren Analyse dar. Kurz gefasst könnte man es also auf den Nenner bringen: uns interessiert nicht, was der Experten über einen politikwissenschaftlich relevanten Problembereich berichten kann, uns interessiert, was die nur durch die Expertenbefragung verfügbar werdenden Daten für unser theoretisches oder empirisches Problem bedeuten.

Was also verlangt werden muss, ist nicht die unreflektierte Wiedergabe von Interviewsentenzen, sondern deren regelgeleitete inhaltsanalytische Bearbeitung, auf deren Basis wir überhaupt erst entscheiden können, in wie fern eine Interviewaussage für die Forschungsfrage relevant ist. Qualitative Experteninterviews unterliegen einem „interpretativen Paradigma", das es erfordert, dass sich der Forscher mit der Frage der Relevanz von und dem zu erwartenden Erkenntnisgewinn aus Interviewdaten kritisch auseinandersetzt.

Die Bedeutung der inhaltsanalytischen Bearbeitung liegt nun vor allem darin, dass wir ein klares Regelschema besitzen, das es uns erlaubt, die Teile eines Interviews zu identifizieren, denen eine solche Relevanz für die Fragestellung zugemessen werden kann, während wir des Weiteren über ex-ante formulierte theoretische Kategorien verfügen, die uns helfen, die vorgefundenen Daten erneut mit theoretischen Konzepten unserer Disziplin zu konfrontieren. Um dem Güterkriterium der Offenheit qualitativer Forschung zu entsprechen, ist dabei die Ergänzung des bestehenden Kategoriensystems im Verlauf der Inhaltsanalyse zuzulassen (vgl. Schmidt 1997; Gläser und Laudel 1999). Die Regeln des jeweiligen inhaltsanalytischen Verfahrens bestimmen auch, nach welchen Prinzipien wir Aussagen aus mehreren Interviews mit einander in Beziehung setzen. Nur so kann ermittelt werden, in welchem Kontext unterschiedliche Experten dieselben oder ähnliche Sachverhalte erwähnt und welche Bewertungen sie mit einzelnen Aspekten verbunden haben.

Die theoriegeleitete Vorgehensweise erstreckt sich insofern durch unseren gesamten Projektverlauf und betrifft nicht allein die Expertenbefragung. Eine erste „Konfrontation" erfolgt in Zuge der theoretischen Einbettung unserer Forschungsfrage. Zu diesem Zeitpunkt ist die Entscheidung, mit welchen Methoden wir unser Forschungsproblem analysieren werden, zumeist noch gar nicht gefallen. Im weiteren Verlauf wird dann der Zusammenhang mit unseren Experteninterviews immer konkreter. Bei der Entwicklung des Leitfadens formulieren wir die Interviewfragen auf der Basis von Analysedimensionen, die unser Forschungsproblem theoretisch erfassen. Diese Dimensionen stellen später die Basis der Kategorienbildung für die Inhaltsanalyse dar. Und letztlich beziehen wir im Zuge der Interpretation unseres gesamten empirischen Materials die Ergebnisse der Expertenbefragung erneut auf theoretische Konzepte, die bereits in der Phase der Konkretisierung der Forschungsfrage eine wichtige Rolle gespielt haben.

Elemente der theoriegeleiteten Analyse

- **Die theoretische Einbettung der Forschungsfrage**: hier klären wir, welche theoretischen Annahmen aus der existierenden politikwissenschaftlichen Literatur unsere Analyse leiten.
- **Die Bestimmung von Analysedimensionen für den Leitfaden**: hier erläutern wir, welche Beobachtungen wir im Zuge der Analyse über unser Forschungsproblem anstellen wollen.
- **Die Entwicklung von Analysekategorien für die Inhaltsanalyse**: hier legen wir fest, nach welchen konzeptionellen Kriterien wir entscheiden, welche Daten aus Experteninterviews zur Beantwortung unserer Forschungsfrage relevant sind.
- **Die Konfrontation unserer Forschungsergebnisse mit relevanten politikwissenschaftlichen Konzepten**: hier diskutieren wir unsere Forschungsergebnisse im Lichte der ursprünglich getroffenen theoretischen Annahmen und können ggf. zur Fortentwicklung dieser Theorie(n) beizutragen.

6 Kommentierte Literaturauswahl

Über die Planung und Durchführung von qualitativen Experteninterviews liegen eine Reihe informativer und kenntnisreicher Lehrbücher vor, die im Rahmen dieser kommentierten Literaturauswahl näher betrachtet werden sollen. Sofern diese Werke auch die Praxis solcher Befragungen thematisieren, handelt es sich bei den zugrundeliegenden Analysen zumeist um soziologische Untersuchungen. Dies mindert ihren Nutzen aus politikwissenschaftlicher Perspektive keineswegs. Es sollte allerdings berücksichtigt werden, dass beide „Schwesterdisziplinen" unterschiedliche Erkenntnisinteressen haben, die sich bei einer solchen Expertenbefragung in der Gestalt des Erhebungsinstruments und in der Auswertung und Interpretation von Experteninterviews widerspiegeln.

Bogner, Alexander/Beate Littig/Wolfgang Menz (Hrsg.), 2009: *Das Experteninterview. Theorie, Methode, Anwendung*, 3. Aufl., Wiesbaden: VS Verlag für Sozialwissenschaften. Der Sammelband richtet sich vor allem an fortgeschrittene Studierende. Die umfangreiche methodische Fundierung des Themas, die mehr als ein Drittel des Gesamtumfangs des Buches ausmacht, benennt vielfältige zentrale Aspekte der theoretisch-konzeptionellen Grundlagen der Expertenbefragung. Die Beiträge zu Interviewtechniken sind thematisch allerdings recht spezifisch. Ein expliziter Bezug auf praktische Probleme bei der Durchführung von Experteninterviews findet sich dabei nur in einzelnen Beiträgen und wird insofern nicht systematisch verfolgt.

Gläser, Jochen/Grit Laudel, 2010: Experteninterviews und qualitative Inhaltsanalyse als Instrument rekonstruierender Untersuchungen, 4. Aufl., VS Verlag für Sozialwissenschaften. Dieser Band ist grundsätzlich auch für Studierende in Bachelor-Studiengängen geeignet, wenngleich er einige Vorkenntnisse voraussetzt. Er präsentiert zahlreiche wichtige praktische Hinweise zum Einsatz von Experteninterviews, die mit Bezug auf eigene Forschungsprojekte diskutiert werden. Inhaltlich überzeugt die Darstellung nicht nur hinsichtlich der Behandlung der Phasen der Vorbereitung und Durchführung solcher Experteninterviews. Vielmehr entwickeln die Autoren mit dem Auswertungsverfahren der „Extraktion" eine systematische Vorgehensweise zur Identifikation relevanter Interviewinformationen.

Froschauer, Ulrike/Manfred Lueger, 2003: Das qualitative Interview. Zur Praxis interpretativer Analyse sozialer Systeme, UTB für Wissenschaft. Die Autoren legen ihren Schwerpunkt eindeutig auf praktische Hinweise zur Gesprächsführung und Textinterpretation. In diesen Bereichen ist die Darstellung äußerst kenntnisreich und auch für Studierende in Bachelor-Studiengängen verständlich und hilfreich. Demgegenüber kommen konzeptionelle und methodische Grundlagen hier etwas zu kurz und beziehen sich zudem auf das Spezialgebiet der Organisationsforschung. Insofern ist die Darstellung als Leitfaden für die Durchführung von Experteninterviews durchaus zu empfehlen, nur bedingt jedoch als grundlegende Einführung in konzeptionelle Grundlagen und Auswertungsstrategien.

Helfferich, Cornelia, 2005: Die Qualität qualitativer Daten. Manual für die Durchführung qualitativer Interviews: VS Verlag für Sozialwissenschaften. Der Band eignet sich mit seinem thematischen Fokus auf die Interaktionen in der Interviewsituation vor allem für Nachwuchswissenschaftler im Hinblick auf das Design von qualitativen Forschungsinterviews und zur

Schulung von Interviewern. Ein Mangel besteht allerdings darin, dass der Bereich der Datenauswertung in dieser Darstellung weithin ausgeklammert wird, während eine methodische Hinführung nur in engem Rahmen stattfindet. Wichtige Hinweise liefert der Beitrag aber auf typische Probleme bei der Interviewdurchführung.

Mayer, Horst O., 2008: Interview und schriftliche Befragung. Entwicklung, Durchführung, Ausführung, 5. Auflage, Oldenbourg. Diese Darstellung bezieht sich in gleicher Weise auf qualitative wie auf quantitative Befragungen, wobei die Behandlung der quantitativen Befragung deutlich umfangreicher ausfällt. Die Publikation ist somit grundsätzlich für Studierende geeignet, sofern bereits Kenntnisse in der computergestützten Datenanalyse vorliegen. Die Diskussion methodischer und konzeptioneller Grundlagen kommt hier jedoch zu kurz, während die Entwicklung des Erhebungsinstruments und die Durchführung der Experteninterviews selbst nur relativ knapp angesprochen werden. Da in diesem Band quantitative Befragungen im Zentrum stehen, existieren auch nur wenige Hinweise auf die Interpretation von Interviewdaten.

Literatur

Adleberger, Karen. 1999. A Developmental German state? Explaining growth in German biotechnology and venture capital, UCAIS Berkeley Roundtable on the International Economy, Working Paper Series, UCAIS Berkeley Roundtable on the International Economy, UC Berkeley.

Beck, Ulrich. 1997. *Was ist Globalisierung? Irrtümer des Globalismus - Antworten auf Globalisierung*. Frankfurt a. M.: Suhrkamp.

Beck, Ulrich, und Edgar Grande. 2010. Jenseits des methodologischen Nationalismus: Außereuropäische und europäische Variationen der Zweiten Moderne. *Soziale Welt* 61:187–216.

Behnke, Joachim, und Natalie Behnke. 2006. *Grundlagen der statistischen Datenanalyse. Eine Einführung für Politikwissenschaftler*. Wiesbaden: VS Verlag für Sozialwissenschaften.

Benz, Arthur, und Nicolai Dose. 2010. Governance - Modebegriff oder nützliches sozialwissenschaftliches Konzept? In *Governance – Regieren in komplexen Regelsystemen. Eine Einführung*. 2. aktualisierte und veränderte Aufl, Hrsg. Arthur Benz und Nicolai Dose, 13–36. Wiesbaden: VS Verlag für Sozialwissenschaften.

Bogner, Alexander, und Wolfgang Menz. 2005. Expertenwissen und Forschungspraxis: die modernisierungstheoretische und methodische Debatte um die Experten. Zur Einführung in ein unübersichtliches Problemfeld. In *Das Experteninterview. Theorie, Methode, Anwendung*. 2. Aufl., Hrsg. Alexander Bogner, Beate Littig, und Wolfgang Menz, 7–30. Wiesbaden: VS Verlag für Sozialwissenschaften.

Bogner, Alexander, Beate Littig, und Wolfgang Menz, Hrsg. 2005. *Das Experteninterview. Theorie, Methode, Anwendung*. 2. Aufl. Wiesbaden: VS Verlag für Sozialwissenschaften.

Bortz, Jürgen, und Nicola Döring. 2002. *Forschungsmethoden und Evaluation für Human- und Sozialwissenschaftler*. 3. Aufl. Heidelberg: Springer.

Brandl, Julia, und Stefan Klinger. 2006. Probleme des Feldzugangs zu Eliten. *Österreichische Zeitschrift für Soziologie* 31:44–65.

Büschgen, Hans E. 1985. Venture Capital – der deutsche Ansatz. *Die Bank* 5:220–227.

Demesmay, Claire, Martin Koopmann, und Julien Thorel, Hrsg. 2013. *Die Konsenswerkstatt. Deutsch-französische Kommunikations- und Entscheidungsprozesse in der Europapolitik*. Baden-Baden: Nomos.

Dolowitz, David, und David Marsh. 2000. The role of policy transfer in contemporary policy-making. *Governance* 13:5–24.

European Commission. 2013. *Ethics for researchers. Facilitating research excellence in FP7*. Brussels: European Commission.

Flick, Uwe. 1999. *Qualitative Forschung. Theorien, Methoden, Anwendung in Psychologie und Sozialwissenschaften*. Reinbek: Rowohlt.

Garman, Julie, und Louise Hilditch. 1998. Behind the scenes: An examination of the importance of the informal processes at work in conciliation. *Journal of European Public Policy* 5:271–284.

Gläser, Jochen, und Grit Laudel. 1999. Theoriegeleitete Textanalyse? Das Potential einer variablenorientierten qualitativen Inhaltsanalyse. Veröffentlichungsreihe der Arbeitsgruppe Wissenschaftstransformation des Wissenschaftszentrums Berlin für Sozialforschung (WZB), S. 99–401.

Gläser, Jochen, und Grit Laudes. 2006. *Experteninterviews und qualitative Inhaltsanalyse als Instrument rekonstruierender Untersuchungen*. 2., durchgesehene Aufl. Wiesbaden: VS Verlag für Sozialwissenschaften.

Greven, Th. Michael. 2005. Informalization of transnational governance – A threat to democratic government.In *Complex sovereignty: Reconstituting political autonomy in the 21st century*, Hrsg. Edgar Grande und Louis W. Pauly, 35–62. Toronto: Toronto University Press.

Hall, Peter A., und David Soskice, Hrsg. 2001. *Varieties of capitalism. The institutional foundations of comparative advantage*. Oxford: Oxford University Press.

Hall, Peter A., und Rosemary C. R. Taylor. 1996. Political science and the Three New Institutionalisms. MPIFG Discussion Paper 96/6. Köln: Max-Planck-Institut für Gesellschaftsforschung.

Helfferich, Cornelia. 2009. *Die Qualität qualitativer Daten. Manual für die Durchführung qualitativer Interviews.* 3., überarbeitete Aufl. Wiesbaden: VS Verlag für Sozialwissenschaften.

Hitzler, Ronald. 1994. Wissen und Wesen des Experten. Ein Annäherungsversuch – Zur Einleitung. In *Expertenwissen. Die institutionalisierte Kompetenz zur Konstruktion von Wirklichkeit,* Hrsg. Ronald Hitzler, Anne Honer, und Christoph Maeder, 13–30. Opladen: Westdeutscher Verlag.

Hitzler, Ronald, und Anne Honer, Hrsg. 1997. *Sozialwissenschaftliche Hermeneutik.* Opladen: Leske + Budrich.

Hitzler, Ronald, Anne Honer, und Christoph Maeder, Hrsg. 1994. *Expertenwissen. Die institutionalisierte Kompetenz zur Konstruktion von Wirklichkeit.* Opladen: Westdeutscher Verlag.

Immergut, Ellen. 1997. The normative roots of the new institutionalism: Historical-institutionalism and comparative policy studies. In *Theorieentwicklung in der Politikwissenschaft – eine Zwischenbilanz,* Hrsg. Wolfgang Seibel und Arthur Benz, 325–356. Baden-Baden: Nomos.

Jacob, Rüdiger, Andreas Heinz, Jean Philippe Décieux, und Willy H. Eirmbter. 2011. *Umfrage. Einführung in die Methoden der Umfrageforschung.* 2. Aufl. München: Oldenbourg.

Kaiser, Robert. 2008. *Innovationspolitik. Staatliche Steuerungskapazitäten beim Aufbau wissensbasierter Industrien im internationalen Vergleich.* Baden-Baden: Nomos.

Kaiser, Robert. 2011. Le budget européen à l'heure de la crise. Positions allemandes relatives au CFP 2014–2020, Note du Cerfa 89, Institut français des relations internationales. Paris: Octobre 2011.

Kaiser, Robert, und Jean-Nicolas Brehon. 2013. Die Vorbereitung der mittelfristigen Finanzplanung. Ambivalente Rolle des institutionalisierten Bilateralismus. In *Die Konsenswerkstatt. Deutsch-französische Kommunikations- und Entscheidungsprozesse in der Europapolitik,* Hrsg. Claire Demesmay, Martin Koopmann, und Julien Thorel, 47–65. Baden-Baden: Nomos.

Kaiser, Robert, und Heiko Prange-Gstöhl. 2012. European growth policies in times of change. Budget reform, economic crisis and policy entrepreneurship. In *European union budget reform. Institutions, policy and economic crisis,* Hrsg. Giacomo Benedetto und Simona Milio, 59–78. Basingstoke: Palgrave Macmillan.

Keller, Reiner, Andreas Hirseland, Werner Schneider, und Willy Viehöver, Hrsg. 2010. *Handbuch Sozialwissenschaftliche Diskursanalyse, Bd. 2: Forschungspraxis.* 4. Aufl. Wiesbaden: VS Verlag für Sozialwissenschaften.

Kohler-Koch, Beate, Hrsg. 1998. *Regieren in entgrenzten Räumen* (PVS-Sonderheft 29). Wiesbaden: Westdeutscher Verlag.

Kvale, Steinar. 1996. *InterViews. An introduction to qualitative research interviewing.* Thousand Oaks: Sage.

Lauth, Hans-Joachim, Gert Pickel, und Susanne Pickel. 2009. *Methoden der vergleichenden Politikwissenschaft.* Eine Einführung, Wiesbaden: VS Verlag für Sozialwissenschaften.

Mann, Michael. 1997. Has globalization ended the rise and rise of the nation-state? *Review of International Political Economy* 4:472–496.

Mayer, Horst Otto. 2009. *Interview und schriftliche Befragung. Entwicklung, Durchführung und Auswertung.* München: Oldenbourg.

Mayring, Philipp. 1999. *Einführung in die qualitative Sozialforschung.* Weinheim: Beltz.

Mayring, Philipp. 2000. *Qualitative Inhaltsanalyse. Grundlagen und Techniken.* 7. Aufl. Weinheim: Deutscher Studien Verlag.

Meuser, Michael, und Ulrike Nagel. 2005. Experteninterviews - vielfach erprobt, wenig bedacht. Ein Beitrag zur qualitativen Methodendiskussion. In *Das Experteninterview. Theorie, Methode, Anwendung.* 2. Aufl., Hrsg. Alexander Bogner, Beate Littig, und Wolfgang Menz, 71–93. Wiesbaden: VS Verlag für Sozialwissenschaften.

Meuser, Michael, und Ulrike Nagel. 2009. Das Experteninterview - konzeptionelle Grundlagen und methodische Anlage. In *Methoden der vergleichenden Politik- und Sozialwissenschaft. Neue Entwicklungen und Anwendungen,* Hrsg. Susanne Pickel, Gert Pickel, Hans-Joachim Lauth, und Detlef Jahn, 465–489. Wiesbaden: VS Verlag für Sozialwissenschaften.

Miller, Bernhard. 2011. *Der Koalitionsausschuss. Existenz, Einsatz und Effekte einer informellen Arena des Koalitionsmanagements.* Baden-Baden: Nomos.

Moravcsik, Andrew. 1993. Preferences and power in the Europea community: A liberal intergovernmentalist approach. *Journal of Common Market Studies* 31:473–524.

Ostheim, Tobias, und Manfred G. Schmidt. 2007. Die Lehre vom Politik-Erbe. In *Der Wohlfahrtsstaat. Eine Einführung in den historischen und internationalen Vergleich,* Hrsg. Manfred G. Schmidt, Tobias Ostheim, Nico A. Siegel, und Reimut Zohlnhöfer, 85–95. Wiesbaden: VS Verlag für Sozialwissenschaften.

Pfadenhauer, Michaela. 2005. Auf gleicher Augenhöhe reden. Das Experteninterview – ein Gespräch zwischen Experte und Quasi-Experte. In *Das Experteninterview. Theorie, Methode, Anwendung.* 2. Aufl., Hrsg. Alexander Bogner, Beate Littig, und Wolfgang Menz, 113–130. Wiesbaden: VS Verlag für Sozialwissenschaften.

Pierson, Paul. 2000. Increasing returns, path dependence, and the study of politics. *American Political Science Review* 94:251–267.

Polanyi, Michael. 1958. *Personal knowledge. Towards a post-critical philosophy.* Chicago: University of Chicago Press.

Porst, Rolf. 2011. *Fragebogen. Ein Arbeitsbuch.* 3. Aufl. Wiesbaden: VS Verlag für Sozialwissenschaften.

Punch, Keith F. 2005. *Introduction to social research.* 2. Aufl. London: Sage.

Schmidt, Christiane. 1997. „Am Material": Auswertungstechniken für Leitfadeninterviews. In *Handbuch qualitativer Forschungsmethoden in der Erziehungswissenschaft,* Hrsg. Barbara Friebertshäuser und Annedore Prengel, 544–567. Weinheim: Juventa.

Schmidt, Manfred G., Frieder Wolf, und Stefan Wurster. 2013. Einleitung. In *Studienbuch Politikwissenschaft,* Hrsg. Manfred G. Schmidt, Frieder Wolf, und Stefan Wurster, 7–17. Wiesbaden: Springer.

Schnell, Rainer, Paul B. Hill, und Elke Esser. 2011. *Methoden der empirischen Sozialforschung.* 9. Aufl. München: Oldenbourg.

Schütze, Fritz. 1983. Biographieforschung und narratives Interview. *Neue Praxis* 13 (3): 283–293.

Soeffner, Hans-Georg, Hrsg. 1979. *Interpretative Verfahren in den Sozial- und Textwissenschaften.* Stuttgart: Metzler.

Spradley, James P. 1979. *The ethnographic interview.* Belmont: Wadsworth.

Sprondel, Walter M. 1979. „Experte" und „Laie": Zur Entwicklung von Typen in der Wissenssoziologie. In *Alfred Schütz und die Idee des All-*

tags in den Sozialwissenschaften, Hrsg. Walter M. Sprondel und Richard Grathoff, 140–154. Stuttgart: Ferdinand Enke Verlag.

Steinke, Ines. 1999. *Kriterien qualitativer Forschung. Ansätze zur Bewertung qualitativ-empirischer Sozialforschung.* Weinheim: Juventa.

Steinmo, Sven, Kathleen Thelen, und Frank Longstreth, Hrsg. 1992. *Structuring politics. Historical institutionalism in comparative analysis.* Cambridge: Cambridge University Press.

Stigler, Hubert, und Günter Felbinger. 2005. Der Interviewleitfaden im qualitativen Interview. In *Praxisbuch Empirische Sozialforschung in den Erziehungs- und Bildungswissenschaften,* Hrsg. Hubert Stigler und Hannelore Reicher, 128–134. Innsbruck: StudienVerlag.

Strünck, Christoph, und Rudolf G. Heinze. 2005. Public private partnership. In *Handbuch der Verwaltungsreform,* Hrsg. Bernhard Blanke, Stephan von Bandemer, Frank Nullmeier, und Göttrick Wewer, 120–127. Wiesbaden: VS Verlag für Sozialwissenschaften.

Trinczek, Rainer. 2005. Wie befrage ich Manager? Methodische und methodologische Aspekte des Experteninterviews als qualitative Methode empirischer Sozialforschung. In *Das Experteninterview. Theorie, Methode, Anwendung.* 2. Aufl., Hrsg. Alexander Bogner, Beate Littig, und Wolfgang Menz,209–222. Wiesbaden: VS Verlag für Sozialwissenschaften.

Voelzkow, Helmut. 1995. „Iterative Experteninterviews": Forschungspraktische Erfahrungen mit einem Erhebungsinstrument. In *Experteninterviews in der Arbeitsmarktforschung. Diskussionsbeiträge zu methodischen Fragen und praktischen Erfahrungen,* Hrsg. Christian Brinkmann, Axel Deeke, und Brigitte Völkel, 51–57. Nürnberg: Institut für Arbeitsmarkt- und Berufsforschung der Bundesanstalt für Arbeit. (BeitrAB 191).

Vogel, Berthold. 1995. „Wenn der Eisberg zu schmelzen beginnt…": Einige Reflexionen über den Stellenwert und die Probleme des Experteninterviews in der Praxis der empirischen Sozialforschung. In *Experteninterviews in der Arbeitsmarktforschung. Diskussionsbeiträge zu methodischen Fragen und praktischen Erfahrungen,* Hrsg. Christian Brinkmann, Axel Deeke, und Brigitte Völkel, 73–83. Nürnberg: Institut für Arbeitsmarkt- und Berufsforschung der Bundesanstalt für Arbeit (BeitrAB 191).

Wimmer, Andreas, und Nina Glick Schiller. 2002. Methodological nationalism and beyond: Nation-state building, migration, and the social sciences. *Global Networks* 2:301–334.

Zürn, Michael, und Stephan Leibfried. 2005. A new perspective on the state. Reconfiguration of the national constellation. In *Transformation of the state?* Hrsg. Stephan Leibfried und Michael Zürn, 1–36. Cambridge: Cambridge University Press.

Zysman, John. 1983. *Governments, markets and growth. Financial systems and the politics of industrial change*. Ithaca: Cornell University Press.

Printed in Germany
by Amazon Distribution
GmbH, Leipzig

23124403R00100